博瑞森图书
BRAGE

企业阅读 本土实践

阿米巴经营落地实践第一人

中国式**阿米巴**落地实践之

从交付到交易

胡八一◎著

经营会计

阿米巴

企业管理出版社

ENTERPRISE MANAGEMENT PUBLISHING HOUSE

图书在版编目（CIP）数据

中国式阿米巴落地实践之从交付到交易/胡八一著. —北京：企业管理出版社，2017. 1
ISBN 978-7-5164-1390-6

Ⅰ. ①中… Ⅱ. ①胡… Ⅲ. ①企业管理－研究 Ⅳ. ①F272

中国版本图书馆 CIP 数据核字（2016）第 266915 号

书　　名：中国式阿米巴落地实践之从交付到交易
作　　者：胡八一
责任编辑：张　平
书　　号：ISBN 978-7-5164-1390-6
出版发行：企业管理出版社
地　　址：北京市海淀区紫竹院南路 17 号　邮编：100048
网　　址：http：//www. emph. cn
电　　话：总编室（010）68701719　发行部（010）68701816
　　　　　编辑部（010）68701638
电子信箱：qyglcbs@ emph. cn
印　　刷：北京鑫益晖印刷有限公司
经　　销：新华书店
规　　格：170 毫米×240 毫米　16 开本　20. 25 印张　243 千字
版　　次：2017 年 1 月第 1 版　　2017 年 1 月第 1 次印刷
定　　价：88. 00 元

创建百年企业是每一位企业家的梦想。企业生存和发展的目标可以归结为三类，即“做大”企业、“做强”企业和“做久”企业。每个企业家把企业做到一定程度的时候，都会考虑企业的长久发展，探寻企业存在的意义，希望自己的事业基业长青。

《阿米巴中国落地实践三部曲》系列丛书，旨在唤起企业家对中国式阿米巴经营的清醒认识，能够帮助中国企业基业长青。在我们的咨询客户中，不乏这样的企业：导入中国式阿米巴经营模式之后，不断进行着循环改善，经营收益成倍增长，正朝着“人人成为经营者”的目标前进。

《中国式阿米巴落地实践之从交付到交易》是三部曲之一。“从交付到交易”是成功实施了阿米巴的标志。本书主要讲述阿米巴经营会计。阿米巴经营会计的工作是有逻辑关联的，只有系统地完成了这些工作，才可能最终形成阿米巴经营报表。

我们从阿米巴报表的生成来倒推“阿米巴经营会计到底应该做哪些工作”和“它们之间是什么逻辑关系”。掌握了这些内容，便掌握了阿米巴经营会计的精华。

第一条：经营报表 = 实绩 – 目标

这个很容易理解，也就是说衡量一个阿米巴（简称巴）的经营状况的好坏，是将实际业绩对照预测的目标，如果实际业绩超过预测的目标，就是好的，反之，就是不足的。而不是将实际业绩简单地对照上一周期的业绩，比如今年同去年比，即使有进步，也未必能够说明这个阿米巴的经营状况良好。这是一个很重要的原则。

例如，柏明顿咨询项目中有一家做塑料注塑件的企业，其中有一个改性塑料巴，2014 年对外销售改性塑料收入 2.13 亿元，对内收入 3.35 亿元，合计 5.48 亿元，净利润率为 9%，即净利润为 0.49 亿元。2015 年定的目标是销售收入 7.2 亿元，利润率 10%，即利润为 0.72 亿元。

结果，当年的销售收入为 6.68 亿元，利润率只有 9.27%，即利润为 0.62 亿元。

如果以 2015 年的业绩对照 2014 年而言，无论是销售收入、利润率还是净利润都远远超过了 2014 年，应该是很好的。但这个阿米巴的年终考核却没有达标，为什么？很简单，因为对照的标准是 2015 年的目标，而不是 2014 年实绩。

除了以销售收入、利润、利润率作为对比维度外，还可以用投资回报率、净资产收益率等作为标准。稻盛和夫特别强调以单位时间的附加值作为标准，当然也可以，但我的经验是不一定只有这一个维度。

第二条：实绩 = 收入 - 支出，目标 = 收入 - 支出

实绩是指事后核算出来的真实结果，而目标只是事前预测的结果。

第三条：收入 = 内部收入 + 外部收入

一个经营性质的阿米巴，有时是可以对外销售产品或服务的。如果阿米巴模式推行得好，从理论上讲，每个巴都可以对外经营，除非是你公司的核心技术、核心商业机密。

比如人力资源部既可以对内招聘，也可以借助猎头公司对外招聘，核心是不能把自己公司的人才外借到外边去谋利。

前面说到的改性塑料巴，它既对内也对外，但不能把改性塑料的配方销售给内部客户的同行。

第四条：支出 = 巴内支出 + 分摊费用

每个巴肯定都有人、财、物的费用，这部分全部计入巴的经营成本。

上级单位可能是职能部门，由于没有独立的收入，而且其服务都是对内、对下的，那么他们的费用当然应该由下属的经营单元来承担，比如战略部、审计部等。至于分摊的维度，可以有营业收入、利润、人头数、使用面积等多个维度。

分摊时要注意“逐级分摊”这个概念，如总经办的费用分摊到生产巴和销售巴，销售巴又分为南区、北区两个二级巴，那么这两个二级的分摊就来自总经办、营销副总办。

第五条：价格 = 定价方法 × 交易规则

定价是经营之本，体现经营头脑。每一个阿米巴都是一个小的利润中心，所有阿米巴都负有核算责任。每个阿米巴的领导人都必须负责本巴的定价，考察每一种产品的核算，在正确的经营理念指导下，实现利润最大化。

阿米巴内部交易是指产品下个环节的阿米巴从前一环节阿米巴购买半成品进行加工，然后卖给下个环节的阿米巴。在工作由“交付”变成“交易”的前提下，阿米巴组织划分成各个小单元后，建立各阿米巴单元间的交易规则便成了一个必不可少的任务。

第六条：科目

即建立各巴的财务科目时，一定要界定清楚，否则，巴的经营结果就计算不出来，或者不准确。

比如两台同样的设备，A 巴使用的已经折旧完毕，理论上从财务的角度来说，它的成本为 0 元；而 B 巴使用的那台设备是刚购进的，当然有折旧的成本。可是这两台设备目前运行得都非常好，日后一定时期内并不排除 A 巴的设备需要大维修，甚至要重新更换，那么就需要界定科目与成本计算的标准了，否则就不公平。

唯有落地，才能生根

——阿米巴经营模式在中国的落地生根

阿米巴经营模式是什么

阿米巴乃是一种单体细胞微生物，它能通过自身不断分裂复制，而且为了适应外在条件发生变形。稻盛和夫据其两个特点，结合松下电器事业部制创立阿米巴经营模式。

实与阿基米德因泡浴而发现浮力定律、牛顿因苹果落地而发现万有引力定律同属天才之于灵感。然而灵感常有，天才却不常有！

所谓阿米巴经营模式，简而言之，就是把公司分成多个自主经营单元，即阿米巴，每个经营单元均需独立核算、承担盈亏；持抱利他共赢理念之下，鼓励员工增加收入、降低费用；最后利益共享，同创幸福企业。

三字以蔽之：分、算、奖。

阿米巴经营模式有何高效见证

改革开放之后，市间自觉学习日本管理模式、美国管理模式，诸如全面质量管理、精准生产、整合营销传播、波特战略等，却只是片断而非整体。

唯有阿米巴经营模式，上自经营哲学启志，再到组织设计技术，下抵日常表格操作，事及全员，而非某些职能部门，于是持续产生高效。

先是稻盛老人业绩可叹，如今国人耳熟能详：

◆自创京瓷，伊始维艰，人数区区不过半百、厂房区区不过三间，用巴之后，业绩持续翻番，荣登世界500强榜！

◆组建日本第二电信，整合多方人才资金，用巴之后，打破垄断、冲出重围，业务从零开始，再攀世界500强榜！

◆日本航空巨亏，濒临倒闭，鸠山首相三顾茅庐，稻盛老人80高龄下山，用巴之后，一年扭亏为盈，反超同行！

再看中国企业，虽然名不称“巴”，却也异曲同工，收效极佳：

◆上海大众力推“经营体”。

◆海尔集团奉行“自主经营体”、SBU（战略事业单元）。

◆阿里巴巴内分级、多个“经济单元”。

阿米巴经营模式为何能够产生极高收益

首先，阿米巴经营模式符合人性。

它从人性方面思考，形成经营哲学，正确引导经营方法，而非舍本求末，以为某种管理方法即是“绝招”。

以下三个问题的答案从人性角度思考得出，而非管理学科：

◆为何只有老板关注经营利润，员工却只关注做事本身？

因为我的工作距离利润太远，没法关注！

◆为何部门之间总爱扯皮推诿，最终只有老板才能协调解决？

因为他们是同事关系，而非买卖关系！

◆为何员工总是觉得工资不够满意，却把原因归于老板小气？

因为工资是由老板给的，不是他们买卖赚来的！

其次，阿米巴经营模式能够满足时代需要。

当下员工多数不为生存安全而去工作，他们需求人格尊重、精神自由，满足这种心理需求之举，莫过“我有地盘，我能做主”！好吧，给你一个阿米巴，你去做主！

“互联网+”已让千万普通人创业成功，中央号令“万众创新，大众创业”、地方政府鼓励创业津贴层出不穷，哪个不曾蠢蠢欲动？老板若不内部满足员工创业冲动，员工必将外出创业。好吧，给你一个阿米巴，你去创业！

最后，阿米巴经营模式提供了技术保障。

好心未必办成好事，皆因方法不对；慈悲未必修得善果，全是智慧不足。一味符合人性、一味满足员工当然也就未必成功。

励志大师叫嚣成功，可是从来不曾给出成功的逻辑、成功的阶梯，以为充满激情便可成功。结果央央弟子除了再去叫嚣励志，也就别无成功！

阿米巴经营模式则不然，包含如何分巴？如何内定定价？如何建立内部交易规则？如何核算收入、成本？如何分析本巴盈亏？如何改善不良？如何分享收益……唯一所剩，就是你的行动！

阿米巴经营模式是否适合中国企业

古今中外之人，虽有认知差异，从而形成文化差异、观念差异，但是人心、人性无异！

管仲新政，故有齐桓九合诸侯，无非分、算、奖；

商鞅变法，故有大秦一统天下，无非分、算、奖；

明治维新，故有日本赶超亚欧，无非分、算、奖；

改革开放，故有中国平视世界，无非分、算、奖；

对应前面所述三个人性问题，解决方案无非分、算、奖！

故此，这个问题不是问题，下个问题才是问题！

阿米巴经营模式如何落地中国企业

即使汽车进口中国，有时也需改装部分，旨在适应中国驾驶、行车环境，何况人文理念、经营模式？也该扬弃！原因有三：

其一，中国企业经营的外在空间广阔，开源与发展仍是中国企业之主流旋律，而日企则不然。因此，阿米巴落地中国，**首在理清战略，继而开源节流**。

其二，中国企业管理的内在基础较弱，建制与完善乃是中国企业之必修内功，而日企则不然。因此，阿米巴落地中国，**首在架构重组，继而分巴交易**。

其三，中国社会环境的客观影响很大，物质与精神总在中国企业之动态平衡，而日企则不然。因此，阿米巴落地中国，**首在提升经营，继而转变人文**。

稻盛老人来华数次，宣传理念；成立塾式机构若干，诵读精进。然而理念如不加以技术落地，则是空谈，空谈误国！

至于如何加以技术落地，正是本系列图书所要解决的问题。这一系列丛书名为《阿米巴中国落地实践三部曲》，共分三本，内容详见后文，在此概述如下：

第一本《激活组织》，主要讲述阿米巴组织划分；

第二本《从交付到交易》，主要讲述阿米巴经营会计；

第三本《持续盈利》，主要讲述阿米巴体系运营。

我们敬重稻盛老人，但非膜拜；我们学习阿米巴，但非照抄！

书中内容，乃是一家之言，仅供您参考、探讨。

愿您成功！

得以成书，非常感谢柏明顿的客户们！非常感谢我的顾问伙伴们，特别是柏明顿资深顾问魏海燕、陈扬名等人，为本书提供大量案例、图表、数据。

是为序。

柏明顿管理咨询首席顾问　胡八一

huby@ pmt. net. cn/www. pmt. net. cn

2015 年 12 月 12 日 亚特兰大

第四章　阿米巴内部定价的策略

第五章　如何建立内部交易规则

第六章　如何制定经营目标和费用预算

第七章 阿米巴的成本、费用控制

第八章 经营报表的统计核算与改善分析

第九章 没有激励，你做不好阿米巴

第十章 建立“内部市场化”运作机制

第一章
经营会计是阿米巴经营的重要落地工具

本章重点

⊙在阿米巴经营会计中，最重要的是财务核算部分。

⊙经营会计相关逻辑，对于落地阿米巴经营模式至关重要。

⊙阿米巴经营会计报表与传统财务报表有很大的差别。

⊙经营会计能够让企业进行可视化经营。

⊙阿米巴经营会计能够提供“即时化纠偏”，能够帮助阿米巴单元做好项目成本的过程分析、控制，提高财务人员的成本控制和分析能力。

第一节 阿米巴经营会计特点与优势

为了持续创造高利润，企业除了要依照正确的原理和原则展开经营活动，正确的会计同样必不可少，而这门重要的会计即经营会计。

阿米巴经营会计是基于牢固的经营哲学和精细的独立核算管理，把组织划分成一个个小的团体，通过与市场直接联系的独立核算制，实现全员参与的核算方式。其主要特点是：层级管理、组织细化、全员参与、自主经营。

经营会计是实践阿米巴经营必备的系统量化工具。与源于西方的财务会计、管理会计不同，经营会计源于日本，由“经营之神”松下幸之助最早发明，是一门直接以促进经营提升为目的的会计系统。它的出现解决了“企业家如何一目了然地掌握经营实际”“如何通过量化的数据来贯彻经营者意志”的世界性难题。

经营会计以数据反馈现场，及时应对市场变化。阿米巴经营会计是反映阿米巴整体经营状况的一套核算体系，清晰地表明阿米巴的损益状况，只有将复杂问题简单化，才能让阿米巴全体员工都了解损益状况。在阿米巴经营模式里面“人人都是经营者”，只有掌握了现场的经营数据，阿米巴管理者才能准确地做出决策。这也是阿米巴经营的精髓所在。

对于会计的重要性，我们以一个比喻来说明：如果把经营企业比喻为驾驶飞机，会计数据就相当于驾驶舱仪表上的数字，机长相当于经营者，仪表必须把时时刻刻变化着的飞机的高度、速度、姿势、方向正确及时地显示出来，让机长知道。如果没有仪表，机长就不知道飞机现在所在的位置，就无法驾驶飞机。所以，如果企业离开了准确反映经营实际状况的会计，那么，经营者就无法做出有效的经营判断。

在传统的财务会计报表中，企业管理者无法一个人在这些繁多的数据中看到企业哪一项业务能够保持盈利、哪一项业务正处于亏损状态、哪一项业务需要发展壮大、哪一项业务必须控制收缩并立即制定相应的对策。但是阿米巴经营会计真正利用这些数据，让企业内部所有员工时刻盯着这些数据的变化，并把数据时刻运用到工作中，形成高效易懂的阿米巴经营报表，运用大数据将企业做大做强。

阿米巴经营报表与传统的财务会计报表的区别主要有如下几点，具体如表 1－1 所示：

表 1－1　阿米巴经营报表与传统的财务会计报表的区别

比较要素	财务会计报表	阿米巴经营会计报表
作用	报告财务状况和经营业绩	掌握经营状况并及时调整对策
报告对象	对外有关部门和权益相关人	各级巴长

续表

比较要素	财务会计报表	阿米巴经营会计报表
制作者	财务会计部门	巴长
计算准则	有关法律法规	公司内部规定
计算对象	公司的综合财务报表	各巴的经营报表
功能	主要核算	包括预计、预提，最后核算
报表周期	月、年	日、周、月、各类分析报表

第一，目的对象和用途方面。

在目的对象方面，传统财务会计报表向公司的利害关系人报告公司的财务状况和经营成绩，一般服务和提供财务数据的对象是股东或最高经营者。

而阿米巴会计的数据提供对象是企业中有阿米巴经营行为的人。**阿米巴经营会计报表最大的作用不在于阿米巴报表核算数据的准确度，关键是阿米巴报表的制作者是巴长，或者是巴长指定的成员。**通过阿米巴经营会计报表，激发巴长及其成员的经营意识，即时反映阿米巴经营状况。

第二，计算周期方面。

财务会计报表一般是事后计算。传统财务会计一般以月度、季度或年度为周期，对过去一个较长周期的财务数据进行统计分析。

而阿米巴经营报表是即时反映经营状况。阿米巴经营会计报表需要及时做出来，一般做到月报，最好能做到周报。经营会计以天、周、月、年为周期，对短期内的经营状况数据进行统计分析，为经营者提供经营决策依据。

第三，合规方面。

财务会计报表需要符合相关的法律法规，而阿米巴的报表只要符合内部规定即可。

第四，原则和科目方面。

阿米巴经营会计报表经常会有“预计”和“预提”两项，最后才进行核算。而传统的财务会计报表主要是核算，很少在核算之前去做预提。

预计。我们看一个柏明顿咨询的案例。

一家公司的生产阿米巴制作经营会计报表，假如要做到周报，那么这一个月的水电费就只能预计为2 000元。这2 000元就要分为4周，1周就是500元，在阿米巴经营会计报表里面的目标就是500元。这500元是阿米巴预计的，然后真正发生的事后去统计。

预提。还是以柏明顿的咨询案例来说明，这样大家容易理解。

某家公司的一个阿米巴每年的外部质量损失成本相当于营业额的万分之一。假如这个阿米巴实现了1亿元的营业额，那就可以预提10 000元。10 000元到底发生在哪一天呢？哪一天会有退货呢？这是无法确定的。

阿米巴只能把10 000元分配到12个月，每个月阿米巴要做周报，就分成4周。把10 000元的外部质量损失成本预提出来了，放到每一周，尽管这一周没有发生客户退货。

那为什么要预提呢？如果阿米巴不预提、不预计，等事后再去统计，就失去了阿米巴经营会计报表的最大价值。最大价值就是即时反映经营状况，促使巴长和巴员及时调整经营策略。

稻盛和夫先生关于阿米巴经营会计曾这样说过：“无论是在公司还是出差，我都第一时间看每个部门的《阿米巴经营会计报表》，并且透过销售额和费用的内容，就可以像看一个一个故事一样明白那个部门的实际状态，经营上的问题也自然而然地浮现出来。”

当然，《阿米巴经营会计报表》除了让股东或经营者能直接看到公司的经营状况及发现的问题外，阿米巴经营会计还采用市场价格倒逼的方法来降低生产成本。如销售部接到订单后发送到生产部门，生产部门会以订单上的价格为基础想尽一切办法降低费用，用最少的费用和成本做出最完美和客户最满意的产品，从而达到利润最大化的目的。

第二节　经营会计的逻辑和主要工作

阿米巴经营会计的工作是有逻辑关联的，只有系统地完成了这些工作，才可能最终形成阿米巴经营报表。

一、阿米巴经营会计逻辑

阿米巴经营会计的相关逻辑，对于落地阿米巴经营模式至关重要。我们通过图 1－1 便可直观地了解经营会计工作内容的相关逻辑。

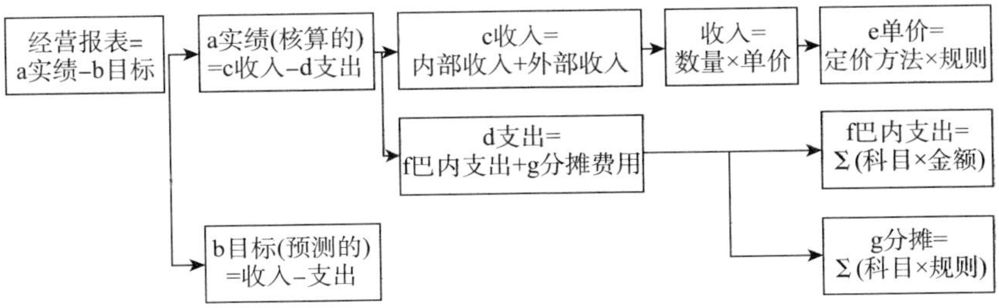

图 1－1　经营会计的相关逻辑

从图 1－1 可以看出，我们从阿米巴报表的生成来倒推阿米巴经营会计到底应该做哪些工作？它们之间是什么逻辑关系？

1. 经营报表＝实绩－目标

这个很容易理解，也就是说衡量一个巴的经营状况好坏的方法是将实际业绩对照预测的目标。如果实际业绩超过预测的目标就是好的，反之，就是不足的。而不是将实际业绩简单地对照上一周期的业绩，比如今年同去年比，即使有进步，也未必能够说明这个巴的经营状况良好。这是一个很重要的原则。

柏明顿咨询项目中有一家做塑料注塑件的企业，其中有一个改性塑料巴，2014 年对外销售改性塑料收入 2.13 亿元，对内收入 3.35 亿元，合计 5.48 亿元，净利润率为 9%，即净利润为 0.49 亿元。2015 年定的目标是销售收入 7.2 亿元，利润率 10%，即利润为 0.72 亿元。

结果，2015 年的销售收入为 6.68 亿元，利润率只有 9.27%，即利润为 0.62 亿元。

如果以 2015 年的业绩对照 2014 年而言，无论是销售收入、利润率还是净利润都远远超过 2014 年，应该是很好的。但这个巴的年终考核却没有达标，为什么？很简单，因为对照的标准是 2015 年的目标，而不是 2014 年实绩。

除了以销售收入、利润、利润率作为对比维度外，还可以用投资回报率、净资产收益率等作为标准。稻盛和夫特别强调以单位时间的附加值作为标准，但我的经验是不一定只有这一个维度。

2. 实绩＝收入－支出，目标＝收入－支出

实绩是指事后核算出来的真实结果，而目标只是事前预测的结果。

3. 收入 = 内部收入 + 外部收入

一个经营性质的阿米巴，有时是可以对外销售产品或服务的。如果阿米巴模式推行得好，从理论上讲，每个巴都可以对外经营，除非是你公司的核心技术、核心商业机密。

比如人力资源部既可以对内招聘，也可以借助猎头公司对外招聘，核心是不能把自己公司的人才外借到外边去谋利。

4. 支出 = 巴内支出 + 分摊费用

每个巴肯定都有人、财、物的费用，这部分全部计入巴的经营成本。

上级单位可能是职能部门，由于没有独立的收入，而且其服务都是对内、对下的，那么他们的费用当然应该由下属的经营单元来承担，比如战略部、审计部等。至于分摊的维度，可以有营业收入、利润、人头数、使用面积等多个维度。

分摊时要注意“逐级分摊”这个概念，如总经办的费用分摊到生产巴和销售巴，销售巴又分为南区、北区两个二级巴，那么这两个二级的分摊就来自总经办、营销副总办。

5. 价格 = 定价方法 × 交易规则

此项在后边会重点介绍，此处暂略。

6. 科目

即建立各阿米巴的财务科目时，一定要界定清楚，否则，阿米巴的经营结果就计算不出来，或者不准确。

比如两台同样的设备，A 巴使用的已经折旧完毕，理论上从财务的角度来说，它的成本为 0 元；而 B 巴使用的那台设备是刚购进的，当然有折旧的成本。可是这两台设备目前运行得都非常好，日后一定时期内并不排除 A 巴的设备需要大维修，甚至要重新更换，那么就需要界定科目与成本计算的标准了，否则就不公平。

二、 阿米巴经营会计提升财务层级

企业已经由传统会计（核算会计）向阿米巴会计（经营会计）升级。阿米巴所追求的“销售最大化、费用最小化、利润最大化”与传统财务目标趋于一致，但在目标属性、过程管理和员工积极性等方面有其特别之处，如图 1－2 所示：

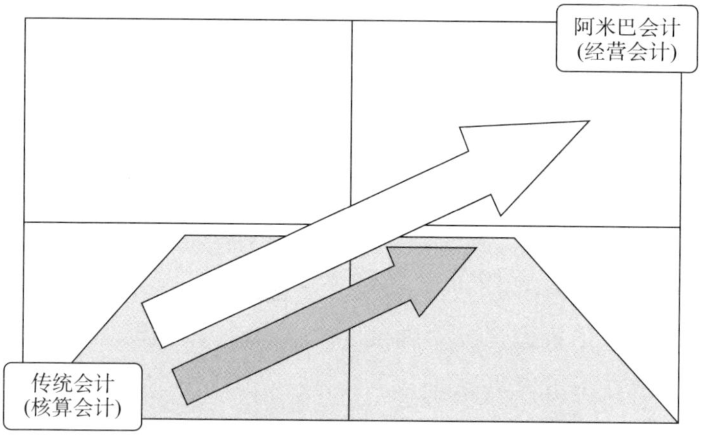

图 1－2　传统会计（核算会计）向阿米巴会计（经营会计）升级

（一）传统会计（核算会计）的主要方法

会计核算也称会计反映，是以货币为主要计量尺度，对会计主体的资金运动进行的反映。它主要是指对会计主体已经发生或已经完成的经济活动进行的事后核算，也就是会计工作中记账、算账、报账的总称。合理地组织会计核算形式是做好会计工作的一个重要条件，对于保证会计工作质量，提高会计工作效率，正确、及时地编制会计报表，对满足相关会计信息使用者的需求具有重要意义。

会计核算方法主要包括以下七种：

1. 会计核算设置会计科目

设置会计科目是对会计对象的具体内容分类进行核算的方法。所谓会计科目，就是对会计对象的具体内容进行分类核算的项目。设置会计科目就是在设计会计制度时事先规定这些项目，然后根据这些项目在账簿中开立账户，分类、连续记录各项经济业务，反映由于各经济业务的发生而引起的各会计要素的增减变动情况和结果，为经济管理提供各种类型的会计指标。

2. 会计核算复式记账

复式记账是与单式记账相对称的一种记账方法。这种方法的特点是对每一项经济业务都要以相等的金额，同时记入两个或两个以上的有关账户。通过账户的对应关系，可以了解有关经济业务的来龙去脉；通过账户的平衡关系，可以检查有关业务的记录是否正确。

3. 会计核算填制和审核凭证

会计凭证是记录经济业务、明确经济责任的书面证明，是登记账簿的依据，必须经过会计部门和有关部门的审核。只有经过审核并认为正确无误的会计凭证，才能作为记账的根据。填制和审核会计凭证，不仅为经济管理提供真实可靠的数据资料，还是实行会计监督的一个重要方面。

4. 登记账簿

账簿是用来全面、连续、系统地记录各项经济业务的簿籍，是保存会计数据资料的重要工具。登记账簿就是将会计凭证记录的经纪业务，序时、分类地记入有关簿籍中设置的各个账户。登记账簿必须以凭证为依据，并定期进行结账、对账，以便为编制会计报表提供完整而有系统的会计数据。

5. 会计核算成本计算

成本计算是指在生产经营过程中，按照一定对象归集和分配发生的各种费用支出，已确定该对象的总成本和单位成本的一种专门方法。通过成本计算，可以确定材料的采购成本、产品的生产成本和销售成本，可以反映和监督生产经营过程中发生的各项费用是否节约或超支，并据以确定企业经营盈亏。

6. 会计核算财产清查

财产清查是指通过盘点实物、核对账目，保持账实相符的一种方法。通过财产清查，可以查明各项财产物资和货币资金的保管和使用情况，以及往来款项的结算情况，监督各类财产物资的安全与合理使用。在清查中如发现财产物资和货币资金的实有数与账面结存数额不一致，应及时查明原因，通过一定审批手续进行处理，并调整账簿记录，使账面数额与实存数额保持一致，以保证会计核算资料的正确性和真实性。

7. 会计核算编制会计报表

会计报表是根据账簿记录定期编制的、总括反映企业和行政事业单位特定时点（月末、季末、年末）和一定时期（月、季、年）财务状况、经营成果及成本费用等的书面文件。会计报表提供的资料不仅是分析考核财务成本计划和预算执行情况，以及编制下期财务成本计划和预算的重要依据，还是进行经济决策和国民经济综合平衡工作必要的参考资料。

上述会计核算方法相互联系、密切配合，构成了一个完整的方法体系。在会计核算方法体系中，就其工作程序和工作过程来说，主要是三个环节：填制和审核凭证、登记账簿和编制会计报表。在一个会计期间，所发生的经济业务都要通过这三个环节进行会计处理，将大量的经济业务转换为系统的会计信息。

这个转换过程，即从填制和审核凭证到登记账簿，直至编出会计报表周而复始的变化过程，就是一般称谓的会计循环。其基本内容是：经济业务发生后，经办人员要填制或取得原始凭证，经会计人员审核整理后，按照设置的会计科目，运用复式记账法，编制记账凭证，并据以登记账簿；要依据凭证和账簿记录对生产经营过程中发生的各项费用进行成本计算，并依据财产清查对账簿记录加以核实，在保证账实相符的基础上，定期编制会计报表。

（二）阿米巴会计（经营会计）的主要工作

阿米巴经营会计的工作是有逻辑关联的，只有系统地完成了这些工作，才可能最终形成阿米巴经营报表。

阿米巴经营的关键不在于企业管理的制度有多么完美，而在于各项指标是否通俗易懂，便于各方基于量化的数字很容易达成一致的认识。

柏明顿咨询团队根据管理咨询实践，归纳出了经营会计的主要工作，如图 1－3 所示：

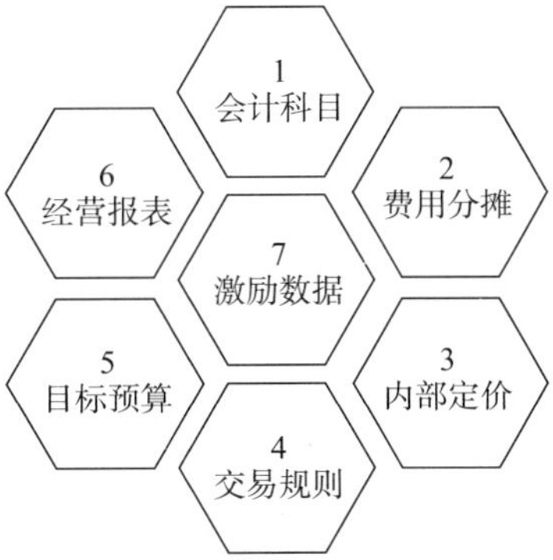

图 1－3　经营会计的主要工作

1. 会计科目

阿米巴会计科目，即与本阿米巴经营活动有关的人员、经费、设备、场所、利息、税金等都应该包含在阿米巴的总成本中——因为巴长就是老板！

阿米巴经营会计需重新进行组合科目，一般只分成两大类：日常费用和分摊费用。第一类日常费用是阿米巴组织日常产生的费用，能即时记入阿米巴组织的费用，此费用在数量和时间上应有一定的要求。如时间跨度大或金额过高，也会采用分摊的方式进行费用记入。第二类是分摊费用，包括总部各职能部门的费用、上级阿米巴组织的费用等。

2. 费用分摊

公共费用分摊是指将各阿米巴之间的共同费用进行分摊，便于各生产成本的科学计算。

阿米巴经营模式是由各个阿米巴自主经营、独立核算的模式。企业在生产经营的过程中，需要将公共费用分摊到各个阿米巴，将不能明确费用归属、不易直接计量费用数值、费用数值对经营结果影响较大、阿米巴却又从中获益的公共费用由多个获益阿米巴按一定的规则共同分担。

3. 内部定价

定价是经营之本，定价体现经营头脑。每一个阿米巴都是一个小的利润中心，所有阿米巴都负有核算责任。每个阿米巴的领导人都必须负责本巴的定价，考察每一种产品的核算，在正确的经营理念指导下，实现利润最大化。

内部定价考验每一位阿米巴负责人的经营智慧。

4. 交易规则

阿米巴内部交易，是指产品下个环节的阿米巴从前一环节阿米巴购买半成品进行加工，然后卖给下个环节的阿米巴。在工作由“交付”变成“交易”的前提下，阿米巴组织划分成各个小单元后，建立各阿米巴单元间的交易规则便成了一个必不可少的任务。

5. 目标预算

年度经营目标是从企业的长期战略目标出发，在分析企业外部环境和内部条件的基础上所制定的公司下一年度各种经营活动所要取得的结果。年度经营目标是企业经营思想的具体化。

费用预算则是建立在业务计划和目标的基础上，业务计划和目标在分解后形成阿米巴单元的重点工作。

6. 经营报表

阿米巴经营报表是阿米巴单元日常进行经营管理过程中，衡量阿米巴单元的各项经营性指标的报表。阿米巴经营报表的科目格式设置比较简单，报表使用者容易理解，也能比较清楚地反映阿米巴组织的全部收入总额和费用总额，让每一位员工都对阿米巴的收入、费用和利润能够足够重视。

7. 激励数据

没有激励，你做不好阿米巴。阿米巴经营激励主要通过薪酬设计、奖金设计、股权激励三个方面进行。

三、 阿米巴会计与传统会计的比较

（一）与传统财务报表分析相比

阿米巴会计在使用和提高经营利润上更为密切结合实际，发挥了具体作用，如表1－2所示。

表1－2 传统报表与阿米巴报表的比较

	传统报表	阿米巴报表
分析主体	公司部门	工序和服务
相关性	与产品关联度不高	分析产品的每一个环节
及时性	按月度核算	每日、每周、每月滚动更新数据
适用性	财务数据，专业性高	简单明了，适用性高

（二）与传统成本管理模式相比

关注既定目标的达成，体现为员工从上至下被动接受。阿米巴会计不仅重视成本，更加兼顾收入和质量；不仅要守住成本底线，更是主动出击，发挥所有人的主动性，减少一切时间和成本的浪费，从而尽可能扩大出货量，如表1－3所示。

表1－3 传统成本管理与阿米巴成本管理的比较

	传统成本管理	阿米巴成本管理
目标	产品成本管理目标	员工附加值的最大化
长期性	忽视成本的长期性，容易鼓励某些短期成本下降，但是长期成本上升行为	重视成本良性发展，有可能进入收入增长而成本略增的良性发展通道
员工积极性	从上至下层层分解，被动完成	主动出击，随时纵向和横向对比
方法	目标成本控制产品价值	单位时间核算附加价值
核算原则	权责发生制，不使用即不发生费用，归入库存管理，没有反映在当期损益	现金本位原则，只要出货即为销售，只要采购，不管是否使用即费用产生

（三）与传统的绩效考核相比

评定阿米巴绩效，把各种繁杂的指标量化到盈利结果上来，如表1－4所示。

表1－4　传统绩效管理与阿米巴绩效管理比较

	传统绩效管理	阿米巴绩效管理
方法	将考核目标层层分解到部门，分解难度较大	各阿米巴组织在定价基础上，以取得利润为目标，目标明确，行动具体
考核内容	考核利润，人力属于费用	考核时间附加值，不把人力当成费用，强调员工主动创造价值，分配附加价值
指标核算	指标计算复杂，监督执行成本较高	两两确认＋市场定价原则，简化了计算和第三者监督问题
结果	固定指标考核，部门间相互影响不大	一个阿米巴组织的提速，引发其他阿米巴组织连锁提速

四、 阿米巴经营会计的问题和改进

虽然在中国已有很多阿米巴经营的成功案例，但是阿米巴毕竟是诞生于日本的经营模式，仍需与中国国情相结合，并存在实践运用难的问题。

1. 没有统一的公司目标和良好的文化氛围

阿米巴有自己的一套哲学文化，成员之间是一种和谐的大家庭关系。阿米巴组织划分和经营会计，既是对阿米巴的组织划分和评定绩效的依据，又是将员工利益和公司利益进行有机结合，发挥出阿米巴组织利益链的连锁反应。如果没有形成和谐的大家庭关系，大家为各自绩效工作，相互竞争，相互扯后腿，尤其是如果各个阿米巴组织没有统一的目标和方针，那么公司内部的协调机制被分割的支离破碎，就无法完成公司的使命。

因此，在阿米巴实施之前要通过各级培训巩固认识，使成员之间形成和谐的大家庭关系，建立阿米巴经营模式的运行基础；通过对经营会计的反复学习，让员工明确自己创造的价值，当家做主，真正参与经营，并要从企业战略出发，充分将阿米巴经营与长期战略目标相结合，才能指导各级阿米巴组织的方向和动力。

2. 阿米巴经营会计的难点和重点：内部交易价格

阿米巴的定价是推行阿米巴重要的一环，也是众多企业在推行阿米巴过程中最为头疼的问题。企业部门常因定价不公导致争吵不断，因此各阿米巴组织之间必须要形成公平的内部交易价格，综合自身条件、行业特点、市场价格、生产能力、产能效率等因素，使用售价还原成本法对每一个环节和工序进行模拟，决定价格。

3. 如何建立精细化的独立核算会计体系

要成立独立核算的阿米巴组织，必须能够准确统计阿米巴组织中的所有支出。可以直接归属于阿米巴的成本核算比较简单，例如燃油、水电、折旧费、维修、材料等；无形资产、相关资源等间接成本，需合理分摊，核算较为困难；公司整体成本，例如财务利息成本、行政人事辅助成本、发生诉讼费用、赔偿费用等，更需根据阿米巴组织中工序环节的特点，制定合理的分配、分摊制度，以确定费用分摊的透明、合理、公正。

第三节　经营会计在阿米巴运营系统的定位

阿米巴经营会计是阿米巴经营体系的落地工具，能够解决管理会计和财务会计问题，直接为阿米巴经营服务。

为了让阿米巴经营体系更加系统与完善，柏明顿提出了阿米巴经营体系铁三角这一概念，由阿米巴经营哲学、阿米巴管理学、阿米巴会计学三大模块构成。其中，阿米巴经营哲学是基础，阿米巴管理学是手段、阿米巴会计学是工具，三者缺一不可，如图 1－4 所示：

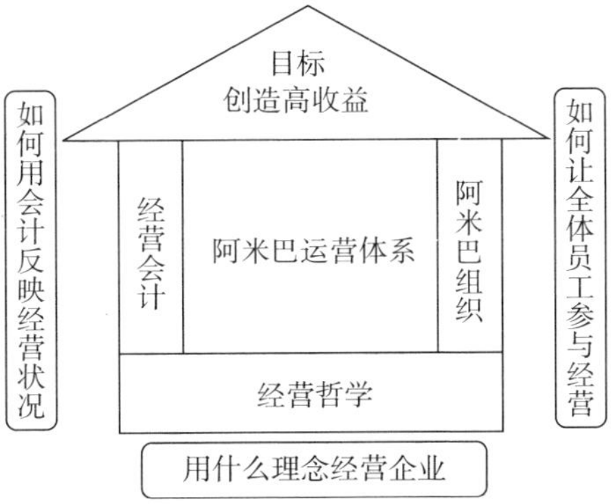

图 1－4　了阿米巴经营体系铁三角

1. 经营会计之价值所在：以数据反馈现场，及时应对市场变化

经营会计是阿米巴经营落地实施最关键的环节。各个阿米巴单元能否熟练运用经营会计，关系到各个阿米巴之间能否顺利进行独立核算。

阿米巴经营会计就是以数据反馈现场，及时应对市场变化。阿米巴经营会计是反映阿米巴整体经营状况的一套核算体系，清晰地表明阿米巴的损益状况，只有将复杂问题简单化，才能让阿米巴全体员工都了解。在阿米巴经营模式里面“人人都是经营者”，只有掌握了现场的经营数据，阿米巴管理者才能准确地做出决策。这也是阿米巴经营的精髓所在。

2. 单位时间核算表：怎样向经营要效益

在中国式阿米巴经营模式下，阿米巴组织为了提高“单位时间核算”，时刻关注时间的重要性，营造充满紧迫感的工作氛围，并通过反复地钻研创新提高劳动生产率。

单位时间核算不是在月末统计当月的订单、生产、销售、经费、时间等重要的经营信息，而是每天进行统计，并迅速地将其结果反馈给阿米巴成员。

现代的企业经营最重视的是速度，把如何提高时间效率看作是在竞争中取胜的关键。单位时间核算制度通过引入“时间”概念，使每一位阿米巴员工都能意识到时间的宝贵，努力提高工作生产率。这不仅能够提高本阿米巴的核算速度，还能提高公司整体的生产率，进而进一步增强市场竞争力。

单位时间核算表以“销售额最大化，经费最小化”为经营原则，开展阿米巴经营核算管理方法，如图1－5、图1－6、图1－7所示：

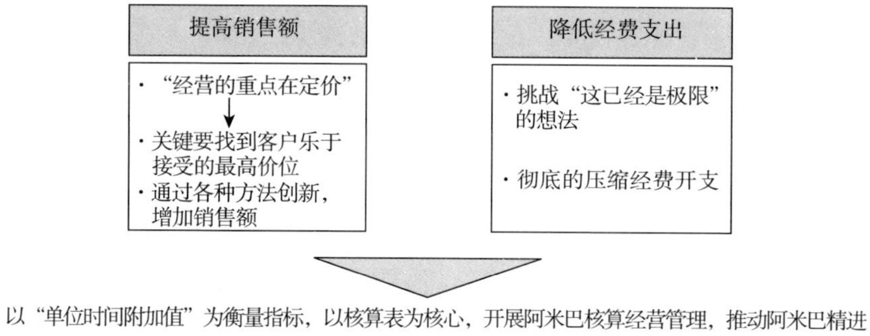

图1－5　“销售额最大化，经费最小化”

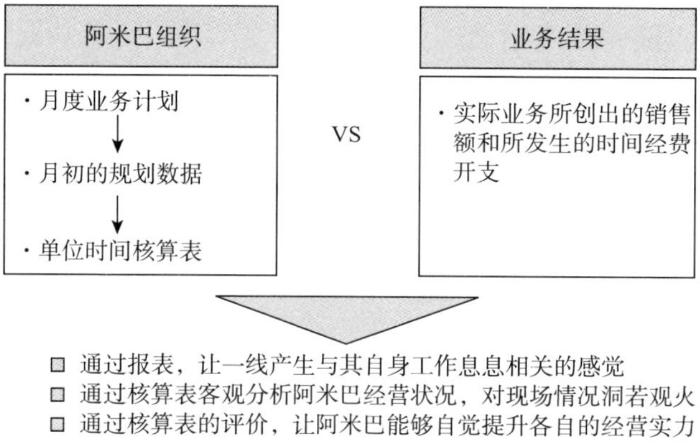

图1－6　单位时间核算表的作用

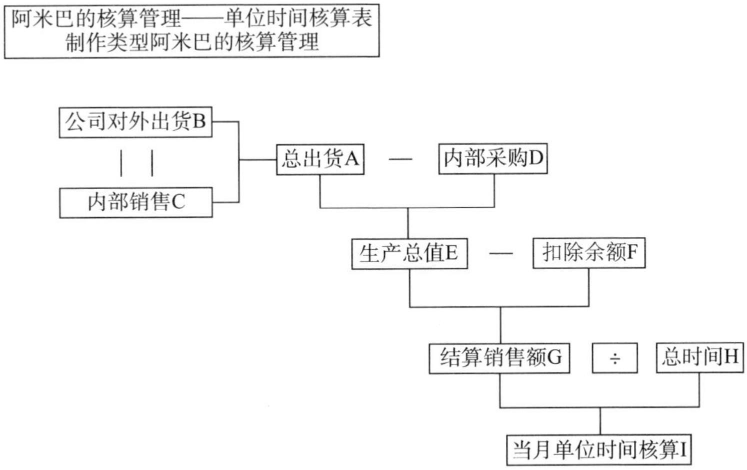

图1－7　单位时间核算表的计算

第四节　实施阿米巴的标志：巴长是否做阿米巴经营报表

企业有没有实施阿米巴，其标志就是巴长是否在做阿米巴经营报表，可以从以下三个层面看出：

第一个层面，**阿米巴的巴长是否做本巴经营报表**。巴长没有做阿米巴经营报表，这家公司就没有实施阿米巴。

第二个层面，**内部是否实现了从交付到交易**，即阿米巴内部的服务和产品是否实现了从交付到交易。如果说该企业各个部门进行独立核算了，但没有从交付变成交易，充其量叫事业部制，这个事业部跟那个事业部之间是没有联系的。而从交付到交易，这是成功实施了阿米巴的标志。

第三个层面，**实施效果如何**？体现在成本费用降低、销售收入提高和人才培养三方面。

第五节　用经营会计思维开创新的管理时代

企业导入阿米巴经营模式，管理者需要具备阿米巴经营会计思维。所谓“阿米巴经营会计思维”，就是立足于经营、立足于未来影响经营的各种因素的科学谋划。这种谋划要考虑过去的数据，考虑基于未来的各种因素；要考虑会计数据，即考虑经营会计报表所反映的各种数据。

在大数据时代，在新技术和商业模式挑战层出不穷的今天，技术让大数据分析日益深化，市场让企业变革日新月异。对企业来讲，需要抛弃落后的会计思维，迅速提升到阿米巴经营会计思维的层次。中国企业迫切需要用阿米巴经营会计的思维开创一个新的管理时代，这对于优化企业重大决策无疑具有现实意义。

一、阿米巴经营会计思维，让财务工作者创造更多价值

阿米巴经营会计在企业得以落地，财务部门的角色定位需要发生根本性转变。企业财务部门的定位将不再是“成本中心”，而是强化预算、考核及管控，做好分析决策，提升企业价值；全面参与对下属投资企业的管理和资本运作工作；参与企业战略管理，将财务部门定位为“财务专家，业务合作伙伴”；强化核心流动资产管理等。

通过阿米巴经营会计，财务人员可在更广的范围内和更深的层次上为企业创造更多价值。传统财务部门大多从事的是低价值的工作，通过推进阿米巴经营会计工作，会计工作者在企业财务转型中的领导作用将

更加明显。比如，通过“战略地图”，将财务指标与非财务指标更紧密地结合起来；通过平衡计分卡，将战略与包括财务和非财务在内的短期业绩指标更紧密地结合起来；通过作业成本法、标杆法，使战略思想嵌入企业财务的方法和技巧中。阿米巴经营会计将使财务管理工作脱胎换骨，焕发出勃勃生机。

二、 作为阿米巴“巴长”，一定要懂“阿米巴经营会计思维”

阿米巴经营会计思维其实并不难，基本上要了解“公司的盈利机制等于损益结构”与“现金收支结构等于现金流量结构”是什么样的情况，以会计数字作为思考的基础，找出如何让这两者均变为正数、增加金额的方法，并且实行。

以电子制造业为例，可以将每个阿米巴损益表中的销售数字和业务盈利与前一年的同一个月份比较，看看是增加了还是减少了，或比较每位员工的平均销售额如何变化，等等。

三、 会看经营会计报表的巴长， 才能帮公司盈利

公司产生阿米巴经营会计报表，只要稍微比较一下，就会发现许多问题，如果有什么异常的变化也能立刻采取行动。再者，每个阿米巴单元每个月都拟定预算，再与实际运营数值作比较，就能看出更多状况。懂报表的巴长的运营计划也更科学，决算也能做到又快又准确。想要知道会计数字的变化，掌握原始数据很重要，可是事实上有很多公司并没有做到这一点。

四、 看阿米巴经营会计报表的数字，能马上知道经营成果

阿米巴经营的过程中，若不能觉察到伴随而来的风险，并且从错误中吸取教训，就无法持续发展下去。这时候如果用阿米巴经营会计思维，将会有不一样的结果。用阿米巴经营会计思维思考、考量一家企业，所得到的数字非常有帮助。每天阅读阿米巴经营会计报表的数字，能马上知道经营成果，有效地帮助经营者进行科学决策。

重点提示：

经营会计报表的主要魅力就在于它的通俗易懂和简单明了，让企业家第一时间快速掌握企业的经营状况。

五、 强化阿米巴经营会计思维对企业经营管理工作的启示

首先，理清阿米巴经营会计工作的职责边界。比如会计科目设计和会计核算体系的构建，不仅要适应国家标准，还要考虑企业经营管理的需要。

其次，构建面向未来的阿米巴经营会计体系。财务总监或首席财务官要发挥足够重要的作用，在企业运营中应当被摆在更加重要的位置。阿米巴经营会计工作要更加考虑战略工作要求，更多地考虑宏观因素、无形的要素。财务决策要不断克服固有的思维定式，兼具稳健和创新的思维特质。要把不断提高对未来不确定因素的判断力作为财务工作者的核心能力。

最后，要把阿米巴经营会计思维中面向未来的特质延展到企业经营管理。

第六节　有效建立压力与收益传导机制

阿米巴经营模式的目的是让企业中与市场直通的部门参与核算制的建立。企业要让每一个部门都能感受到市场的压力，然后培养具有经营意识的人才，全员参与经营管理。其有两个特点：第一，必须作为利润中心独立核算，有收入和支出；第二，阿米巴负责人要参与企业经营全过程。

阿米巴经营模式将激励、预算和绩效管理等理论融会贯通，促进了经营会计理论框架的形成。阿米巴把成本或费用中心转化为利润中心，其实质是划小核算单元，除了关注利润、成本外，还关注单位时间产生的利润。从管理实践来看，其对中国企业特别是大型企业，提供了可借鉴的管理模式。

胡博士评点：

阿米巴把成本或费用中心转化为利润中心，其实质是划小核算单元，除了关注利润、成本外，还关注单位时间产生的利润。

一、 阿米巴经营的落地生根

经营会计实质上是企业经营管理的重要工具，因此更应该充分发挥经营会计工具的作用，改善并提高企业经营管理的水平，创造更大的价值。

阿米巴经营模式虽然对大中小企业均适合，但企业应根据自身规模和业务特征决定划分阿米巴组织的数量。

阿米巴经营模式，仅仅拥有令其落地生根的企业土壤是不够的，还要注意方式方法。企业首先要导入阿米巴经营理念，学习阿米巴经营模式，通过互联网平台等手段宣传成功案例；其次试点推进，由点至面，全面推进；最后划分阿米巴组织和内部定价，设计经营会计核算表。通过这三个关键性步骤让阿米巴经营模式更好地落地生根。同时还要在此基础上进行经营模式的创新，使其实现本土化。

二、阿米巴的创新：与市场挂钩的全员参与机制

阿米巴的创新主要是将成本中心、收入中心通过内部转移定价转化为利润中心。其对利润的计量不但关注阿米巴整体所创造的利润，而且精细到每个阿米巴成员的单位时间附加价值。

例如制造型企业，传统的成本中心思维模式，让管理层中间负责人更注重产品的质量、产量及成本，阿米巴则通过建立与市场挂钩的机制，促使管理层中间负责人更加关心市场价格，将成本中心转变为利润中心。

在阿米巴经营体系里，企业在管理过程中要将权力下放给最了解经营状况的巴长，企业管理者可以充分利用经营会计工具更有效快捷地做好管理工作。同时，员工也能够了解企业的经营状况，这样可以调动员工的积极性，利于实现全员参与经营。

阿米巴经营使得企业组织、项目管理更加清晰化，加强了细分经济责任制，提高了客户满意度和经济效益。以客户、项目、事业部、产品线等多维度为考核对象的阿米巴经营，让全员个人绩效与各项财务、非财务考核的挂钩程度更紧密，使全员参与程度及业绩考核可衡量度得到了有效提高。

三、 构建会计核算体系

当前，一些企业没有很好地抓住阿米巴经营的本质，又缺少透明、及时的经营分析决策体系及相应的管理手段或工具，故阿米巴经营在企业中很难得到有效实施。

有效实施阿米巴的关键就在于如何解决核算、管理与控制的问题。确保阿米巴成功实现需要构建以科目界定、公共费用分摊、内部定价、经营目标、费用预算等方面为重点的会计核算体系，建立与市场挂钩的核算制度。

阿米巴经营单元数量多、分类复杂、关联性强、信息交互频繁、工作效率高等特点，使得企业需要建立以价值链为基础，以短流程、高效果、强监督为理念的价值内控体系，让各个阿米巴组织都有“成本—产出—业绩—利润”意识，并将“成本—利润”的压力与收益传导到企业组织的每一个阿米巴组织或个人。

案例

柏明顿“阿米巴”咨询项目成功案例之一

C集团公司是柏明顿的客户，该集团公司2006年全面切入开关电源业务，主要用于电动工具、通信设备、家用电器、医疗设备等。

（一）问题现象

(1) 经常不能及时交货，质量不能满足客户要求，以至日、韩几个大客户一度中止订单。

(2) 一旦出现交期、质量问题，销售责怪生产、生产责怪采购、采购责怪财务，相互推诿。

（3）原材料、在制品、成品库存严重，保质期过后只能做呆滞料处理，浪费惊人。

（4）无论是对外的 NPI（New Product Introduction 的缩写，即新产品导入）或 NMI（Non Maskable Interrupt 的缩写，意思为不可屏蔽中断），还是对内的各项申请、审批，流程非常漫长，人浮于事。

（二）原因分析

（1）现行的是集权的职能中心制，如研发中心、制造中心等，凡事都集中在老板那。

（2）老板请来不少“高手”，他们只负责某个职能，反而个个都觉得自己很牛，彼此协调非常困难。

（3）责任与目标不明确，每个人对“做了”负责，只有老板是对“做的结果”负责。

（4）没有发挥员工的主人翁精神（在这种机制下也无法发挥）去开发新品、新市场、新客户。

（三）解决方案

（1）战略梳理。

梳理公司战略，运用 SWTO 分析判断开关电源等公司现有产品的市场发展与竞争状况。

研究同行标杆企业（国内、国外各选一家），进行差异分析，提出公司竞争策略。

（2）组织变革。

将原有“金字塔”式职能制架构，演变成“扁平化”的事业部架构。

定位总部公共职能中心，强化各事业部经营考核指标（非管理指标），实行集团管控。

（3）阿米巴单元划分。

总部职能中心、各个事业部作为一级阿米巴：总部职能中心分为人资、财务、物开、研究、运管和总办六个一级阿米巴，事业部又分为五个成品阿米巴（直接对外销售）、五个部件阿米巴，共十个一级阿米巴。

成品阿米巴内部又按研发、销售、生产、经营支持、后勤服务裂变为五个二级阿米巴，生产又按车间、工段裂变为若干个三级阿米巴，销售按客户或区域裂变为三级阿米巴。

部件阿米巴内部又按生产、生产支持、后勤服务裂变为三个二级阿米巴，生产又按车间、工段裂变为若干个三级阿米巴。

（4）阿米巴财务核算。

总部职能中心阿米巴采用预算制核算形态，通过"五定"，即定事、定岗、定员、定薪、定费加以考核和管控。

成品阿米巴的划分主要根据产品、大客户、国内业务三个维度，采用利润制核算形态。

部件阿米巴的划分主要根据其加工的产品、工序两个维度，采用复合制核算形态，即对内加工时，采用成本制核算形态；同时鼓励各部件阿米巴在保证完成内部订单外，通过提高效率或适当增加投资的方式扩大产能，对外接单，这部分采用利润制核算形态。

（5）公共费用分摊。

集团总部职能中心的所有费用分摊到各个事业部；事业部内部的职能阿米巴的所有费用分摊到利润制或成本制核算形态的阿米巴。

分摊方法共有五种，根据不同的费用科目采取不同的分摊方法：按收入分摊、按利润分摊、按实用分摊（如厂房、办公室面积等）、按人头分摊、按作价分摊（如宿舍等）。

(6) 内部交易。

职能中心与事业部之间的交易：事业部在职能中心“五定”后需要购买的个性化服务。

成品巴之间的交易：甲成品巴接单但不具备生产能力时，可向乙成品巴下生产订单，采用“保底制造利润、倾向销售利润”的交易规则，制订不同的分配比例进行交易。

成品巴与部件巴的交易：成品巴向部件巴购买，采用 BOM 价乘以利润系数的交易规则。

生产与销售的交易：成品巴内部的销售巴以 BOM 价乘以利润系数向生产巴购买。

车间或工段之间的交易：均采用 BOM 价乘以利润系数进行交易。

(7) 制定阿米巴运行规则。

成立阿米巴推进委员会，明确委员的分工与定期会议制度，细化推进节点和里程碑。

重新编制部门职能清单、核心流程（因为组织架构已做重大调整）、业务界定。

建立详细的权限表（分为人、财、物、业务四部分）和监督审计制度及明细表。

(8) 确定巴长等核心人员。

通过内部竞聘方式产生一级巴长，由一级巴长组阁核心团队，集团人力资源中心负责协调。

二级巴、三级巴的巴长尽可能用现行人员，个别调整以一级巴长的意见为重。

(9) 确定各巴的年度经营目标与费用预算。

总裁根据市场竞争与内部资源下达集团年度目标，各个一级巴阿米巴提出年度目标。

讨论各巴年度经营计划，包括资产负债表、损益表、现金流量表、工资预算、费用预算（以上分解到月或产品、地区），组织架构、人员编制等。

(10) 建立奖励机制。

将工资与销售收入的占比直接放入各巴的费用考核中，此后增加人员的权力下放。

根据以往的年终红包、暗给、奖金、提成等计算各巴达成利润目标的奖励系数。

成品巴、部件巴增设利润超额奖。

职能中心按整个集团达标情况与本身绩效评分而定奖金。

(11) 签订阿米巴经营协议。

召开全体干部大会，总裁宣布一级巴长任命。

一级巴长宣布二级巴长任命，依此类推。

巴长代表本巴向上一级签订阿米巴经营协议，本巴所有核心人员站在巴长后面并宣誓。

(四) 实施效果

(1) 现象描述。

各个巴长及其组阁的成员，工作积极性大大提高，从而层层传递，使全员皆有经营意识。

原来各自为政的职能领导迅速培养成复合型“老板”式的人才，个个都在关注经营结果。

(2) 系统规划，分步实施。

系统规划整个集团的阿米巴经营模式，但先从2013年在第一事业部（电动工具）开始试行。

假设第一事业部实施的效果非常好，2014 年就全面推行十个事部业、六个职能中心模式。

从调研到系统设计完毕，将近一年时间。

试行一年，全面推行顾问师辅导一年。

（3）数据展示。

2013 年第一事业部试行，2012 年度的销售收入为 0.73 亿元，2013 年达到 1.78 亿元，增长倍率为 244%，利润增长倍率为 306%，根据经营协议，团队当年获得奖励 205 万元。

2014 年整个集团全面推行，销售目标预计在 2013 年的基础上增长 47%，利润增长 73%。而实际数据为整个集团的销售收入同比增长倍率 259%，利润同比增长倍率 398%，个别成品一级阿米巴利润达到计划目标的 990%，相当同比的 20 多倍。

2014 年上半年员工流失率同比降低 73%，满意度提高 17%。

（4）综合收益。

企业用公开招标取代议标的方式，让供应商透明的竞争，既降低成本又提高满意度。

由于各成品巴巴长具有直接对客户的决策权，大大地提高了客户满意度，有很多失而复得的客户。

成立精英培训班，聘请专家、教授授课，提升管理人员的综合素质。

提倡“家文化”，从饭堂开始切实提高员工福利（更换承包商），逐步建立幸福型企业。

第二章
如何设计阿米巴经营会计科目

本章重点

阿米巴会计科目，即与本阿米巴经营活动有关的人员、经费、设备、场所、利息、税金等都应该包含在阿米巴的总成本中，因为巴长就是经营者。

阿米巴经营会计需重新进行组合科目，一般只分成两大类：日常费用和分摊费用。日常费用是阿米巴组织日常产生的费用，能即时记入阿米巴组织的费用，此费用在数量和时间上应有一定的要求。如时间跨度大或金额过高，也会采用分摊的方式进行费用记入。另一种就是分摊费用，分摊的费用包括：总部各职能部门的费用、上级阿米巴组织的费用等。

阿米巴经营会计运用的是企业的第一手数据，根据本企业的业务特点进行个性化制作，为企业简单明了地指明方向。它没有进行任何的人为操作，具有简单、易懂、易用、直达经营目的的特点，向经营者全面反映企业经营的实际状态，为做出正确、及时的决策提供可靠保障。

第一节　阿米巴会计科目的设计

与本阿米巴经营活动有关的人员、经费、设备、场所、利息、税金等都应该包含在阿米巴的总成本中，因为巴长就是老板。

一、经营会计的科目设定需要全面明晰

会计科目表的设计主要解决会计科目的名称确定、分类排列、科目

编号的问题。会计科目表还列出了一级会计科目的名称和科目编号。各阿米巴单元在设计会计科目表时，应根据需要设计并列出全部一级科目及其所属的全部明细科目名称、编号，以增强会计科目名称的统一性和会计信息的可比性。以此类推，除了一级科目，还有二级科目、三级科目等，如图 2－1 所示：

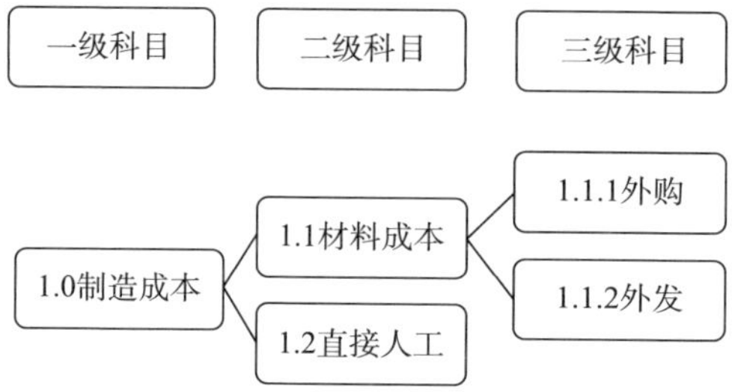

图 2－1　会计科目表

二、 阿米巴会计科目使用说明

会计科目表设计完成后，要在表后对各个会计科目的核算内容与核算范围、核算方法、明细科目的设置依据及具体明细科目设置、关于该科目所核算内容的会计确认条件与时间规定、关于该科目的会计计量的有关规定及涉及该科目的主要业务账务处理举例进行详细说明，以利于会计人员据此准确地处理会计业务。

（1）说明会计科目的核算内容与范围。即说明在该科目核算的具体经济业务的内容与范围，有些会计科目还需区别易混淆的内容，指出不在该科目核算的内容。

（2）说明会计科目的核算方法。即说明该科目核算的经济业务内容增加时记在账户的哪一方，减少时又记在账户的哪一方，期末余额记在在哪一方，表示什么含义。

（3）说明明细科目的设置依据、具体明细科目的名称及核算内容。概括地说明设置明细科目的要求和依据，其次具体写明所需设置的各个明细科目的具体名称及其具体核算内容。

（4）说明该科目所核算内容的会计确认条件与确认时间。为保证会计科目的正确使用，对各科目所涉及的会计要素有关确认方面的会计准则、会计政策、会计方法应结合本单位实际情况做出详细说明。要详细说明该科目在什么情况下需满足什么条件才能记入借方，在什么情况下需满足什么条件才能记入贷方。

（5）说明该科目的会计计量的有关规定。为保证会计科目的正确使用，对各科目所涉及的会计要素有关计量方面的会计准则、会计政策、会计方法应结合本单位实际情况做出详细说明。

示例

表 2－1　成本科目

一级	二级	三级	四级	
巴内成本（直接成本）	成本	材料		
		直接人工		
		制造费用	实际费用	
			预提费用	
	费用	管理费用		
		销售费用		
		财务费用		
巴外分摊（间接成本）	成本			
	费用			

表 2-2 收入科目

			单价	数量
内部收入	产品收入	产品 A		
		产品 B		
	服务收入	服务 A		
		服务 B		
	其他收入			
外部收入	产品收入			
	服务收入			
	其他收入			

表 2-3 与经营密切相关的报表情况说明

巴级别	日常使用的报表	周期
三级	本巴收入登记表	日
二级	本巴单位时间核算表	日
	本巴经营状况表（实际、预算、对比三个表）	月
	月度总结与工作计划和费用预算表	月
	本巴单位时间核算表	日
一级	巴属范围合并单位时间核算表	日
	巴属范围合并经营状况表（实际、月度滚动计划、对比三个表）	月
	月度总结与工作计划和费用预算表	月
	本巴单位时间核算表	日
	巴属范围合并单位时间核算表	日
	巴属范围合并经营状况表（实际、月度滚动计划、对比三个表）	月
	月度总结与工作计划和费用预算表	月

表 2-4 工厂巴核算科目与统计周

类别	编号	项目	项目说明	统计要求	
				单位时间核算表	经营状况表
收入	NI	净收入		计算得出	计算得出
	A	对外销售		计算得出	计算得出
	B	回收金额		计算得出	计算得出

续表

类别	编号	项目	项目说明	统计要求	
				单位时间核算表	经营状况表
费用	C	内部销售	净收入 = 对外销售 - 回收金额 + 内部销售 - 内部采购	计算得出	计算得出
	D	内部采购	直接销往沈阳公司外部	按天统计	按月汇总
	F	总费用	在销售终端回收的货物金额	按天统计	按月汇总
	F1	原材料	内部交易产生的销售	按天统计	按月汇总
	F2	水费	内部采购产生的支出	按天统计	按月汇总
人力成本	F3	电费	$F = \sum F$	计算得出	计算得出
	F4	燃料	原辅材料、包装材料	按天统计	按月汇总
	F5	取暖费	水费	按天统计	按月汇总
	F6	生产用物料	电费	按天统计	按月汇总
	F7	修理维护费	丙烷、天然气、柴油	按天统计	按月汇总
	F8	制版费	煤、原盐	按天统计	按月汇总
	F9	劳保用品	脱膜油、烤盘油、白矿油、喷码耗材	按天统计	按月汇总
	F10	保洁用品	配件、基础设施维修、设备维修、加工费	按天统计	按月汇总
	F11	仓储运杂费	制版费	按天统计	按月汇总
	F12	办公费	手套、靴子、工作服等	按天统计	按月汇总
	F13	差旅费	清洁剂、卫生纸、清洁用具	按天统计	按月汇总
	F14	产品检验费	原材料运费、面粉装卸费	按天统计	按月汇总
	F15	汽车费用	办公耗材、办公用品、饮用水、电话费	按天统计	按月汇总
	F16	改造支出	差旅费	按天统计	按月汇总
	F17	环保费用	化验器材、计量检定费	按天统计	按月汇总
	F18	其他收入	自有汽车油费、车辆维修、过桥费、停车费、自有汽车保险	按天统计	按月汇总
	F19	资产减值损失	基础设施改造、设备改造	按天统计	按月汇总
	F20	其他	污水处理、环氧地坪维修、垃圾清运费、清淘费	按天统计	按月汇总
	F21	资金占用成本	其他收入（-）、其他损失（+）	按天统计	按月汇总

续表

类别	编号	项目	项目说明	统计要求	
				单位时间核算表	经营状况表
	F22	低值易耗品摊销	固定资产处理损失（+）、收入（-）	按天统计	按月汇总
	F23	折旧费	其他	按天统计	按月汇总
	F24	租赁费	固定资产利息、库存利息	按天统计	按月汇总
	F25	外部费用分摊	周转箱、烤盘、包盒、其他易耗品	按月数据折算到天	按月统计
	R	人力成本总额	厂房、机器设备、电子设备、运输设备、工具器具折旧	按月数据折算到天	按月统计
	R1	人工费用	厂房租金	按月数据折算到天	按月统计
	R2	福利费	巴外部门内费用、沈阳公司费用、控股公司费用	按月数据折算到天	按月统计
	R3	社会统筹	$R=\sum R$	不计算	按月统计
	R4	工会经费	工资、劳务费	不计算	按月统计
	R5	教育经费	员工体检费、食堂人员工资	不计算	按月统计
利润	R6	外部人力成本分摊	五险一金	不计算	按月统计
	G	利润	工会经费	不计算	按月统计
	H	人数	购买图书、员工培训	不计算	按月统计
	I	总工时	巴外部门内人力成本、沈阳公司人力成本、控股公司人力成本	不计算	按月统计
人员	I1	正常工时	$G=A-E-R$	计算得出	计算得出
	I2	加班工时	实际出勤人数	按天统计	按天平均
	I3	外部工时分摊	$I=\sum I$	计算得出	计算得出
工时	V	当期单位时间核算值	正常工作时间，包括借调外部人员参与工作	按天统计	按月汇总
			超出正常工作时间的额外工时，包括借调外部人员参与工作	按天统计	按月汇总
			巴外部门内工时、沈阳公司工时、控股公司工时	按月数据折算到天	按月统计

表 2-5 营销巴核算科目与统计周期

类别	编号	项目	项目说明	统计要求	
				单位时间核算表	经营状况表
收入	NI	净收入	净收入 = 对外销售 - 回收金额 + 内部销售 - 内部采购	计算得出	计算得出
	A	对外销售	直接销往沈阳公司外部	按天统计	按月汇总
	B	回收金额	在销售终端回收的货物金额	按天统计	按月汇总
	C	内部销售	内部交易产生的销售	按天统计	按月汇总
	D	内部采购	内部采购产生的支出	按天统计	按月汇总
费用	E	总费用	$E = \sum E$	按天汇总	计算得出
	E1	劳务费	销售部、市场部、中小客户、KA 组、代理市场、送货员、促销员	按天统计	按月汇总
	E2	宣传制作费	展板、喷绘、吊旗、牌匾、推广、贴纸、托盘、气球印制费、包装设计费、卡通服装费、车体广告制作费	按天统计	按月汇总
	E3	产品配送费	送货车运输费、停车费、高速通行费、检车费、车辆保险、车辆保养、维修费、柴油、汽油、轮胎	按天统计	按月汇总
	E4	汽车费用	公司自有车停车费、高速通行费、车辆保养费、维修费、汽油	按天统计	按月汇总
	E5	差旅费	差旅费、住宿费	按天统计	按月汇总
	E6	业务招待费	餐费	按天统计	按月汇总
	E7	办公费	车费、手机话费、快递费、订阅报刊费、打印纸、销售用办公用品、申请单、送货单印刷费、分销站电话费、网费、营业执照、代码证年检费、印章费、网络技术服务费、商品条码续展费	按天统计	按月汇总
	E8	大店费用	促销用品、返利、信息服务费、展架、标签、大店用微波炉、促销用围裙、扎带及 BOPP 袋、促销服务费、陈列费、展示费	按天统计	按月汇总

续表

类别	编号	项目	项目说明	统计要求	
				单位时间核算表	经营状况表
	E9	水电费	分销站水电费	按天统计	按月汇总
	E10	取暖费	分销站取暖费	按天统计	按月汇总
	E11	劳保用品	工作服、工装	按天统计	按月汇总
	E12	其他收入	其他收入（－）、其他损失（＋）	按天统计	按月汇总
	E13	资产减值损失	固定资产处理损失（＋）、收入（－）	按天统计	按月汇总
	E14	其他	其他	按天统计	按月汇总
	E15	资金占用成本	固定资产利息、库存利息、应收账款利息	按月数据折算到天	按月统计
	E16	广告费	车体广告费、网络广告费、报刊广告费	按月数据折算到天	按月统计
	E17	产品设计费	面包包装设计费、粽子、月饼礼盒设计费	按月数据折算到天	按月统计
	E18	固定资产折旧	固定资产折旧	按月数据折算到天	按月统计
	E19	房租费	房租费	按月数据折算到天	按月统计
	E20	外部费用分摊	巴外部门内费用、分公司费用、控股公司费用	按月数据折算到天	按月统计
人力成本	R	人力成本总额	$R=\sum R$	不计算	按月统计
	R1	人工费用	工资、劳务费	不计算	按月统计
	R2	福利费	员工体检费、食堂人员工资	不计算	按月统计
	R3	社会统筹	五险一金	不计算	按月统计
	R4	工会经费	工会经费	不计算	按月统计
	R5	教育经费	购买图书、员工培训	不计算	按月统计
	R6	外部人力成本分摊	巴外部门内人力成本、沈阳公司人力成本、控股公司人力成本	不计算	按月统计
利润	G	利润	$G=A-E-R$	计算得出	计算得出
人员	H	人数	实际出勤人数	按天统计	按天平均

续表

类别	编号	项目	项目说明	统计要求	
				单位时间核算表	经营状况表
工时	I	总工时	I = ∑I	计算得出	计算得出
	I1	正常工时	正常工作时间，包括借调外部人员参与工作	按天统计	按月汇总
	I2	加班工时	超出正常工作时间的额外工时，包括借调外部人员参与工作	按天统计	按月汇总
	I3	外部工时分摊	巴外部门内工时、沈阳公司工时、控股公司工时	按月数据折算到天	按月统计
	V	当期单位时间核算值	V = （A－E）/I	计算得出	计算得出

第二节　阿米巴推进的数据收集和报表生成

在阿米巴经营会计中，阿米巴的历史数据收集与分析格外重要。企业开展经营，就必须使经营数据成为反映经营实际状况的唯一真实材料。

阿米巴经营成立的重要条件是数据的严谨。如果做不到这一点，阿米巴经营就无法真正发挥作用；阿米巴经营要求把前线的数字及时反馈给现场，很多企业目前的财务会计系统无法达到这样的要求。财务部门是企业的数据中心，以数据为基础的经营分析与预警控制是经营会计的重要内容。财务会计向经营会计的转型，是企业推行阿米巴成功的基础条件。企业不断提高企业财务管理效率和企业经济效益，以实现企业的可持续发展。

阿米巴经营会计数据，包含了阿米巴组织内外的资金变化信息和阿米巴之间物资资源交易等信息。阿米巴领导人对会计数据进行内部价值链分析，判断如何降低成本、优化作业流程；可以对行业价值链进行分析，了解企业在行业价值链中的位置，判断企业是否需要沿价值链向前或向后延伸。

企业会计部门负责制作这些经营资料，并根据这些数据来开展经营。会计部门和各类信息使用者可以依据各自的管理权限，方便地进入数据库的相应层次，运用预先准备好的专用软件，自动查阅采集所需的经营会计数据。经营会计数据反映企业的真实经营状况，让所有阿米巴成员都掌握每天的经营实况，帮助阿米巴领导人即时做出决策。

重点提示：

阿米巴经营成立的重要条件是数据的严谨，如果做不到这一点，阿米巴经营就无法真正发挥作用。

一、 如何进行数据收集

（1）数据收集的重要性。数据收集是实学基础，是经营会计的根基，是个人、各部门、各巴经营数据、信息、情报的来源，是阿米巴运营的前提。各巴再通过数据生成报表，进而通过分析报表发现问题，解决问题。

（2）数据收集的目的。生成单位时间核算表（如表 2 - 6 所示）等相关各类表格；找到效益优异或糟糕的原因，以及提升经营效益的方法。

表 2-6 单位时间核算表

销售额	对公司外	A1	
	对公司内	A2	
	总额	A0	
内部采购		B0	
销售净额		A	
费用	部门内直接	B1	
	部门内分摊	B2	
	SBU 间接分摊	B3	
	合计	B	
（附加值）收益		C	
工时	正常	D1	
	加班	D2	
	部门内分摊	D3	
	SBU 间接分摊	D4	
	合计		
部门内月均总人数		E	
月单位时间收益		F	
月单位时间销售净额		G	
月人均收益		H	
月人均销售净额		I	
本月承接订单总额		J	

（3）数据收集的特征。即时性：实时收集收入、费用、工时等各类数据，每天确认；完整性：企业的任何部门、任何人的数据都必须收集；准确性：所有数据要求做到准确无误，一一对应，双重确认，绝不允许“糊涂账、笼统账”。

（4）数据收集的原则。符合经营会计原则中的整体性原则。企业每个人、每个部门都要收集，缺一不可。非阿米巴部门也要收集，总裁也不例外。不受组织架构局限，按照阿米巴组织及价值链设计数据收集系统。

（5）组织和准备。成立经营会计组织；挑选合格的经营会计人员；培训经营会计人员；通过试运行来检查企业基础管理工作是否到位，发现问题，及时整顿，确保数据的收集工作及时、准确、完整，如表 2－7 所示。

表 2－7　阿米巴经营会计组织职能明细表

<table>
<tr><td>部门名称</td><td>经营会计组</td><td>负责人职位</td><td>经营会计主管</td></tr>
<tr><td>部门编号</td><td></td><td>直接上级职位</td><td>阿米巴委员会秘书长</td></tr>
<tr><td>岗位设置</td><td colspan="3">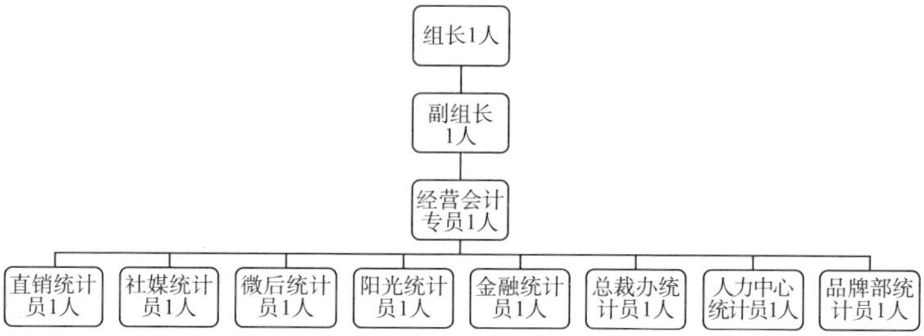
</td></tr>
<tr><td>内联单位</td><td colspan="3">财务部、会计部、本巴各部门</td></tr>
<tr><td>外联单位</td><td colspan="3">企业各职能部门（财务部门）</td></tr>
<tr><td>职能概述</td><td colspan="3">通过收集、加工处理和利用阿米巴经营数据信息，对经营活动进行规划、组织、控制、分析（仅限于整体分析、细节原因由各巴长自行分析）、评价、指导，促使阿米巴单元销售额最大化、成本最小化，从而高效、保质地超额完成企业的各项经营目标。</td></tr>
</table>

（6）设计统计表格。收入统计表、费用统计表、时间统计表、人力成本统计表等各类表格设计要简单，便于实施（见表 2－8）。

表 2－8　________巴 收入统计表

序号	销售产品收入		服务收入		其他收入		收入日期	备注
	销售产品	金额	服务项目	金额	收入项目	金额		
1								
2								
3								
4								

续表

序号	销售产品收入		服务收入		其他收入		收入日期	备注
	销售产品	金额	服务项目	金额	收入项目	金额		
5								
6								
7								
8								
9								
10								
合计								

（7）收集流程。自下而上：个人到团队，再到初级巴、中级巴、高级巴逐级收集。收集频率：每日、每周、每月实时制作、收集各类数据和表格。

（8）制作月度经营核算表。各巴、各部门在每日收入表、费用开支表、日经营核算表基础上制作每日及每月单位时间核算表。单位时间核算表必须对接月度财务损益表、财务分析表。

二、 阿米巴历史数据的分析

阿米巴的历史数据收集，不仅是对阿米巴的原始会计数据进行分类，或做其他简单的处理，还需要会计人员根据各方面的情况，运用会计信息技术，进行科学有效的加工和处理。

借助阿米巴经营会计报表，使阿米巴巴长正确无误地接受提供的会计数据。这些历史数据原是分散的、繁复和杂乱无章的，但经过会计信息处理，能够清晰明了地体现为综合的、系统的数据形式，更加清楚地反映出阿米巴经营状况。这些历史会计数据在一定的时空条件、程度、范围内可以分享。

如果阿米巴历史数据收集的工作做不好，原始会计数据不可靠，以后的工作就失去了意义。所以，阿米巴历史数据的收集是一项复杂的、严肃的、技术性较强的工作。

为使阿米巴历史会计数据收集工作顺利进行，保质保量地完成搜集资料的任务，应遵循科学的工作流程：

第一，识别信息需求。也就是弄清收集历史会计数据是为了解决什么问题，即确定收集会计信息的目的。

第二，确立历史会计数据收集对象。即决定收集单位，一般是经济活动或从事经济活动的社会机构或个人。

第三，制订历史会计数据收集纲领，进行实际的收集工作。包括现成资料收集和原始资料收集。历史会计数据收集准备的时间，如何保证会计信息的即时性；对所汇集的数据应加以筛选，要保证会计信息的准确性；被采集的数据应是真实可靠的、未泄漏的、未被篡改的，保证会计信息的安全性。

现代信息技术在会计领域的应用，使阿米巴历史会计数据收集发生了很大的变化。传统的手工收集方法是根据某类业务的需要去收集，这种会计信息收集方法称为业务方法。现代的信息收集方法是根据整个系统的目标要求去收集信息，目标性和准确性比较强。阿米巴历史会计数据收集已不再局限于会计核算方面，更多地趋向于会计管理、决策方面。

表 2－9　历史数据收集表

阿米巴名称：　　　　　　　　　　　　　　　　单位：万元

	年/月	年/月	年/月	年/月	……	年/月	合计	平均
销售收入								
减：间接人工								

续表

	年/月	年/月	年/月	年/月	……	年/月	合计	平均
减：直接人工								
减：成本								
毛利额								
毛利额								
减：各种费用								
净利额								
净利率								

第三节　各巴收入、统计口径的确定

阿米巴组织能够成为独立核算单位，需要“有明确的收入，同时能够计算出为获取这些收入而所需的支出”。因为采取独立核算制就必须要计算收支，准确地掌握阿米巴组织的收入和支出情况。

但一些阿米巴组织涉及的技术产品（服务）收入确认标准及总收入统计口径等指标，仍然存在较为明显的不确切、不规范问题，部分指标概念模糊，给阿米巴组织认定操作及政策制定等带来很多难题，不利于会计数据统计管理工作高效、规范运行。

例如，目前在企业中涉及的收入概念有“近三年的销售收入总额”“最近一年的销售收入”和“当年总收入”三个概念，但产品（服务）收入确认标准和当年总收入统计口径等指标依然存在很多不明确的地方。

对于总收入的统计口径问题，个别企业在归集总收入时直接将主营业务收入视同于总收入，未将其他业务收入计入总收入，这一统计口径显然与会计核算制度不符。

因此，阿米巴收入的界定、统计口径的确定需尽快予以规范。

一、 阿米巴收入的方法

阿米巴收入的方法是与市场价格挂钩，主要有三个机制：

（1）订单生产方式。

即阿米巴组织接到订单后，才开始组织采购和生产。生产型阿米巴是利润的源泉，在生产的过程中不是按照成本来决定产品的售价，而是先全方位地考虑市场价格，然后在此基础上为了获取充分的利润而彻底降低成本。

通过信息化，订单能够参考市场价格进行生产，可以快速应对复杂多变的市场环境，快速满足客户需求，大大提升生产效率，降低浪费和无效作业，增加利润，提升阿米巴组织的竞争力，获得更大的发展空间。

例如，一旦市场价格的波动与生产型阿米巴的收入挂钩，就把对客户的销售金额改变成相当于生产型阿米巴的生产金额。同时，销售型阿米巴作为生产型阿米巴与客户的中介，从生产型阿米巴获取一定比率的销售佣金（手续费）作为其收入，其数据变化要能反映市场动向。生产型阿米巴根据市场的动向决定是否扩大生产金额，最大限度地控制经费开支，从而创造出更大的利润。

（2）库存销售方式。

销售型阿米巴与生产型阿米巴在协商的基础上决定产品的零售价格，设定各个流通阶段的标准价格。在库存销售方式中，实际销售金额减去生产型阿米巴的报价，也就是毛利，就成为销售型阿米巴的收入。

（3）公司内部购销。

阿米巴组织之间把材料和半成品作为产品进行收发时，进行公司内部购销，并且统计相关会计数据。每次交易时的购销金额，都是由各阿米巴考虑自身的经营状况，根据市场价格进行定价，从市场的角度来评价所有阿米巴的价格、质量及交货期，在公司内部形成市场活力。

胡博士评点：

在阿米巴经营会计报表编制过程中，正确处理阿米巴组织之间的购销活动，对落实企业经营成果，提升会计报表的信息质量至关重要。

二、 数据统计口径对精细化管理的阿米巴经营十分重要

数据统计口径对精细化管理的阿米巴经营十分重要。一些阿米巴组织对于成本核算的各项数据归口不一致，尤其是细节性的数据统计口径不一致，导致的后果是用于传达管理信息的表单、记录等各项数据信息不完善或者不准确，即支持管理决策的信息缺乏有效保障。

统计口径是指统计数据所采用的标准，即进行数据的统计工作所依照的指标体系。阿米巴组织之间的结算方式，值得重视的就是各项费用乃至管理数据的统计口径。无论是独立核算还是公司整体运作，一个统计口径所涵盖的数据相当于一个计算机编程里面的计算机代码，如果数据口径不一致，就像编程代码混乱的后果一样。当然数据口径混乱不会导致企业倒闭，但严重影响管理决策。试想各项分析的基础是数据统计，统计口径不准确，何来精确的分析？故数据统计口径对精细化管理的阿米巴经营十分重要。

第四节 各巴成本、费用的详细科目与定义

明细科目是指阿米巴组织根据核算与管理的需要，对某些会计科目做进一步分类、提供更详细更具体的会计信息的项目，是对总分类科目的具体化和详细说明。

一、 各巴成本的详细科目和定义

明细分类科目也称明细科目，是指阿米巴组织根据核算与管理的需要，对总分类科目做进一步分类，提供更详细、更具体的会计信息的科目，是对总分类科目的具体化和详细说明。按照其分类的详细程序不同，又可分为子目和细目，如管理费用、差旅费、办公费、运输费、修理费等。在阿米巴的经营会计中，我们重点讲成本的明细科目与定义，以及费用的明细科目与定义。

（一）成本类科目的定义

成本类科目是反映成本费用和支出的，用于核算成本的发生和归集情况，提供成本相关会计信息的会计科目。阿米巴组织对成本费用和支出的不同内容进行分类登记，可以分为生产成本、制造费用、劳务成本、库存商品和研发支出等。

实际发生时，计入各自本科目，期末结转时，制造费用、劳务成本、库存商品和研发支出对应结转入生产成本。

（二）阿米巴组织的生产成本

（1）本科目核算阿米巴组织生产各种产品（包括产成品、自制半

成品等）、自制材料、自制工具、自制设备等所发生的生产成本。

（2）“生产成本”科目应设置“基本生产成本”和“辅助生产成本”两个明细科目。

“基本生产成本”科目主要是在生产型阿米巴中，用以核算生产产品的基本生产车间发生的费用。“基本生产成本”明细科目应按照基本生产车间和成本核算对象设立为三级明细，并按规定的成本项目（直接人工、直接材料、制造费用）在各三级明细中设立专栏核算。

“辅助生产成本”科目是在用以核算动力、修理、运输等为生产服务的辅助生产车间发生的费用。“辅助生产成本”明细科目应按辅助生产提供的劳务和产品（修理、运输、自制工具、自制材料等）为成本计算对象，设立为三级明细，并按规定的成本项目在各三级明细中设立专栏核算。

（3）阿米巴组织发生的各项生产费用，应按成本核算对象和成本项目分别归集，属于直接材料、直接人工等直接费用，直接计入基本生产成本和辅助生产成本。属于企业辅助生产车间为生产产品提供的动力等间接费用，应当在本科目“辅助生产成本”明细科目核算后，再转入本科目“基本生产成本”明细科目；其他间接费用先在“制造费用”科目汇集，月度终了，再按一定的分配标准，分配计入有关的产品成本。

（4）阿米巴组织应当根据产品生产的特点，选择适合的成本核算对象、成本项目及成本计算方法。

（5）本科目应当分别按照基本生产车间和成本核算对象（如产品的品种、类别、订单、批别、生产阶段等）设置明细账（或成本计算单），并按规定的成本项目设置专栏。

（三）阿米巴组织的劳务成本

阿米巴组织的劳务成本是指阿米巴组织提供劳务作业而发生的成

本，相对于公司劳务收入而言，可以是公司内也可以是公司外。如提供修理、搬运、服务等，相应的人工工资、福利、劳保、相关费用等就是劳务成本，因此阿米巴组织应设置“劳务成本”科目。

（四）成本核算

阿米巴组织进行成本核算，是指将阿米巴组织在生产经营过程中发生的各种耗费按照一定的对象进行分配和归集，以计算总成本和单位成本。成本核算通常以会计核算为基础，以货币为计算单位。成本核算是成本管理的重要组成部分，对于阿米巴的成本预测和阿米巴的经营决策等存在直接影响。

阿米巴组织进行成本核算时，重点关注如下三点：

（1）完整地归集与核算成本计算对象所发生的各种耗费。

（2）正确计算生产资料转移价值和应计入本期成本的费用额。

（3）科学地确定成本计算的对象、项目、期间及成本计算方法和费用分配方法，保证各种产品成本的准确、及时。成本核算的实质是一种数据信息处理加工的转换过程，即将阿米巴组织日常已发生的各种资金的耗费，按一定方法和程序，根据已经确定的成本核算对象或使用范围进行费用的汇集和分配的过程。正确、及时地进行成本核算，对于阿米巴组织开展增产节约和实现高产、优质、低消耗、多积累具有重要意义。

阿米巴成本明细如表2－10所示。

表2－10　阿米巴成本明细表

阿米巴名称：　　　　　　　　　　　　　　　　　　单位：万元

	年/月	年/月	年/月	……	年/月	合计	平均
材料成本							
直接人工							
折旧成本							

续表

	年/月	年/月	年/月	……	年/月	合计	平均
动力成本							
委外加工							
其他成本							
成本小计							
运输费用							
销售费用							
管理费用							
间接人工							
成本小计							
成本总计							

说明：最好是将间接人工从管理费用中单独列出。

二、 各巴费用的详细科目和定义

阿米巴组织对于所有的经营数据必须有明确统计的机制，便于分清阿米巴的哪项业务发生了多少费用、应发生多少费用。

费用科目可以分为两类，**一类为资产类费用科目，另一类为损益类费用科目。**

资产类费用科目一般在生产型阿米巴中指制造费用，一般也叫作直接费用。通过归集与分配，最后归集到存货科目，计入资产负债表，最后结转成本，计入损益表中的主营业务成本或营业成本。

损益类费用科目则是指三大期间费用：销售费用、管理费用、财务费用，这类费用也叫间接费用。期间费用一般按各自类别直接汇总计入损益表各相应栏次内。

（一）销售费用明细科目设置

销售费用科目主要核算阿米巴组织销售商品和材料，提供劳务过程中发生的各种费用，包括销售型阿米巴和销售人员发生的费用支出。

销售费用明细科目设置有利于阿米巴组织准确核算销售费用，方便阿米巴组织对销售费用的考核。

销售费用通常设置这些明细科目：工资、福利费、运输费、装卸费、保险费、包装费、展览费、广告费、商品维修费、质量三包费、业务费、折旧费等经营费用。上述明细科目，不同的阿米巴组织可根据实际情况取舍。

（二）管理费用明细科目设置

管理费用是指阿米巴组织为组织和管理生产经营活动而发生的各项费用。管理费用属于期间费用，在发生的当期就计入当期的损益。

管理费用通常设置这些明细科目：公司经费、职工教育经费、业务招待费、税金、技术转让费、无形资产摊销、咨询费、诉讼费、开办费摊销、劳动保险费、董事会会费及其他管理费用等。

（三）财务费用

财务费用指阿米巴组织在生产经营过程中为筹集资金而发生的各项费用。阿米巴组织发生的财务费用，虽为取得营业收入而发生，但与营业收入的实现没有明显的因果关系，不宜将它计入生产经营成本，只能作为期间费用，按实际发生额确认，计入当期损益。

阿米巴组织发生的财务费用一般在财务费用科目下进行核算，并按费用种类设置明细账。财务费用发生时，记入该科目的借方，期末将余额结转本年利润科目时，记入该科目的贷方，在会计中属于损益类科目。

案例

日本京瓷公司创业不久，就引入了被称为“阿米巴经营”的管理系统。该公司有许多个阿米巴组织，构成了一个经营系统。所谓“阿米巴经营”就是计算出每个阿米巴的单位时间附加价值，也就是从每个阿米巴的当月销售额中减去所有当月经费，将剩余金额除以当月总时间所得的数字作为经营指标，我们称之为“单位时间核算制”。

日本京瓷公司就依据单位时间核算制，在月末进行结算，于次月初公布各部门的实绩。只要细看单位时间核算表，这个部门推出了这个产品，而那个部门没有取得客户订单之类的有关情况就能一清二楚，便于经营者迅速做出判断并采取对策。

另外，为将经费压缩到最小，单位时间核算表把经费科目细分，比一般会计科目分得更细，构成所谓的实践性经费科目。比如在京瓷公司，财务部门并不是笼统地列出一项“水电煤费”，而是将其中的电费、水费、燃气费项目分别列支。

这样做，从事实际工作的员工就能一目了然，并可采取具体行动来削减经费。看了细分后的会计核算表，现场负责人就能掌握经费增减的原因，便于切实改进。

第五节　各巴固定资产、流动资金盘点

固定资产、流动资金盘点是对各项财产、物资进行实地盘点和核对，查明财产物资、货币资金和结算款项的实有数额，确定其账面结存数额和实际结存数额是否一致，以保证账实相符的一种会计专门方法。

通过固定资产、流动资金盘点，可以确定各项财产物资的实用数，

确定各项财产的盘盈、盘亏，并及时调整账簿记录，做到账实相符，以保证账簿记录的真实、可靠，提高会计信息的质量；也可以促进资金加速周转，查明各项财产物资的储备和保管情况及各种责任制度的建立和执行情况，揭示各项财经制度和结算纪律的遵守情况，促使财产物资保管人员加强责任感，及时结清债权债务，避免发生坏账损失。

阿米巴组织的财产清查，主要为固定资产、流动资金盘点。

一、 固定资产盘点

企业为了固定资产的管理，节约成本、提高效率、规范流程、明确责任，就需要对公司固定资产进行盘点。

阿米巴组织严格按照固定资产盘点计划的要求和程序执行到位，对固定资产进行分类，认真填写《现有固定资产明细表》，并在明细表备注栏注明哪些固定资产报废、损坏，说明原因，由相关企业负责人在盘点明细表说明材料上签字加以确认。

固定资产盘点及清查操作方法，主要有：

（1）现有固定资产盘点前的准备。

首先，要组成固定资产盘点小组，明确责任分工，以及问题的协调、上报和处理机制；其次，进行资产盘点前的摸查，为实地核查做好准备；最后，编制固定资产盘点计划。

（2）利用账务清理结果，编制盘点用的现有固定资产明细表。

（3）实地盘点并核实有关情况。

固定资产的实地盘点核实是资产清查的重要内容。公司在盘点前，应准备好分类及明细盘点基础表、产权证明材料，在资产清查办公室的统一领导和监督下组织实施。

固定资产的盘点应分类进行，在盘点账面记载的固定资产时以账查物，并要求查明固定资产的基本情况：仔细核对固定资产编号及名称、结构或规格型号、数量、单位、购入单价、购入金额、分摊年限、剩余年限、当前价值等。

对账外固定资产，应通过与账面记录进行核对和甄别，查明固定资产的基本情况，重点查明：未入账原因、固定资产的来源、产权状况、价值状况等。各种资产明细表如表 2－11、表 2－12、表 2－13 所示。

表 2－11　现有固定资产明细表

阿米巴名称：　　　　　　　　　　　　　　　　　　单位：万元

资产名称	规格/型号	数量	单位	购入单价	购入金额	分摊年限	剩余年限	当前价值

表 2－12　现有设备/工具明细表

阿米巴名称：　　　　　　　　　　　　　　　　　　单位：万元

设备/工具名称	规格/型号	数量	单位	购入单价	购入金额	专用/共用	现在部门	责任者

表 2－13　现有库存材料明细表

阿米巴名称：　　　　　　　　　　　　　　　　　　单位：万元

材料名称	规格/型号	材料编号	数量	单位	购入单价	购入金额	是否呆滞
合计金额							

二、 流动资金盘点

阿米巴组织的流动资金盘点是指企业根据账簿记录对各项流动现金进行盘点，以及对银行存款和债权、债务进行查询、核对，查明实存数同账存数是否相符。在流动资金清查过程中，如果发现账实不相符，发生了财产盘盈、盘亏，应查明原因，按照制度规定调整账簿记录，使其符合实际情况。应收、应付账款明细表如表 2－14 所示。

重点提示：

流动资金的重要性在于，每一次周转可以产生营业收入及创造利润。加强流动资金的盘点与管理，可以加速流动资金周转，减少流动资金占用，促进阿米巴组织生产经营的发展；有利于促进阿米巴组织加强经济核算，提高生产经营管理水平。

表 2－14　应收、应付账款明细表

阿米巴：　　　　　　　　　　　　　　　　　　　　单位：万元

客户名称	应收科目	应收日期	应收金额
			合计金额
客户名称	应付科目	应付日期	应收金额
合计金额			
应收/应付			

第三章
科学分摊公共费用

本章重点

⊙公共费用分摊是指将各阿米巴之间的共同费用进行分摊，便于各生产成本的科学计算。

⊙哪些公共费用该分摊？不能产生利润又不能降低成本的预算型阿米巴的所有费用都应该分摊。

⊙是否购买而不分摊？职能部门的工作可分为服务与管控两类，前者定价购买，后者职能分摊。

⊙我们不可控怎么办？①总部拟定预算，巴委会讨论通过；②按预算分摊到阿米巴，年底多退少不补；③不足部分从总部利润中补给。

⊙阿米巴进行公共费用分摊的原因，主要有三点：①将各类公共资源量化，全面锁定各阿米巴的经济责任；②真实、客观、合理、科学衡量各阿米巴的经营管理绩效；③落实人人都是经营者的使命感和责任感，企业资源利用最大化。

⊙费用分摊规则中应遵行：谁受益谁承担的原则。

⊙费用分摊的目的：一方面为后面制订内部交易价格体系做好准备、打好基础；另一方面，让每一位阿米巴成员都清楚地知道自己所使用的每项资源的成本，从而增强“追求销售额最大化和经费最小化”的使命感和责任感，促使企业资源利用更加集约化、精细化。

第一节 为什么要做公共费用分摊

企业导入阿米巴经营模式之后，内部经常会发生一个争论，那就是总部的费用该不该分摊。很多人的想法是："不分摊算了，总部那么多费用，生产部经理拿着高工资，总经理拿着高工资，又跟我没关系。再说了，我也不可控啊，所以你分给我干吗呢？"

结果有可能导致企业若干个基层阿米巴都有利润，综合成二级阿米巴后是亏损的，二级阿米巴里再综合成一级阿米巴是亏损的，其主要原因是没有公共费用分摊。

所以，企业必须要科学分摊公共费用。

阿米巴经营模式是由各个阿米巴自主经营、独立核算的模式。企业在生产经营的过程中，需要将公共费用分摊到各个阿米巴，将不能明确费用归属、不易直接计量费用数值、费用数值对经营结果影响较大、阿米巴确有从中获益的公共费用由多个获益阿米巴按一定的规则共同分担。

也许会有很多很多人问，公共费用能不能少分一点呢？总部的预算型阿米巴费用，其审核需要企业所有巴长里面的80%的巴长同意通过，才能够确定总部费用的预算。如果超过20%的巴长不同意，就需要说出反对的理由，这样就对总部的很多费用进行了控制。由于巴长开始关注经营了，自然就会减少很多费用。

阿米巴进行公共费用分摊的原因，归纳有如下三点：

（1）将各类公共资源量化，全面锁定各阿米巴的经济责任。

（2）真实、客观、合理、科学衡量各阿米巴的经营管理绩效。

（3）提高人人都是经营者的使命感和责任感，将企业资源利用最大化。

第二节　如何科学分摊公共费用

如何科学分摊公共费用，我们通过三个问答题来了解：

(1) 哪些公共费用该分摊?

不能产生利润又不能降低成本的预算型阿米巴的所有费用都应该分摊。

(2) 是否购买而不分摊?

职能部门的工作可分为服务与管控两类，前者定价购买，后者职能分摊。例如，某集团总部职能中心的所有费用分摊到各个阿米巴。

(3) 我们不可控怎么办?

总部拟定预算，巴委会讨论通过；

按预算分摊到阿米巴，年底多退少不补；

不足部分从总部利润中补给。

第三节　公共费用的分摊原则、方法和维度

一、 公共费用的分摊原则

(一) 总原则：谁受益谁承担

在阿米巴经营会计实务工作中，时常会遇到一些公共费用的分摊问题。比如，同一项费用需要在两个或两个以上的阿米巴之间分摊，或者同一项费用需要在同一企业的不同阿米巴之间分摊等，这就涉及公共费用的分摊原则。

不同的费用类别、性质，应采用不同的费用分摊规则。费用分摊规则中应遵行：谁受益谁承担的原则。例如，产品阿米巴的原辅料成本和包装材料成本直接计入定价成本。其他费用的受益对象为唯一产品的，

直接计入其定价成本；受益对象为多个产品阿米巴的，在受益产品阿米巴之间分摊。不能明确具体受益产品，但与产品阿米巴业务相关的公共性费用在全部产品阿米巴分摊。

（二）操作原则

（1）资源有偿使用原则。主要是防止使用的不承担，承担的用不上。

（2）资源有效使用原则。防止有效资源无效使用，无效资源强行分担。

（3）分摊一致认同原则。数据透明合理，避免单方面强行分摊导致经营激励失效。

（4）总体成本降低原则。全员、全面、时刻参与成本降低，防止只落一时、一地、一人。

（5）核算尽量简化原则。在不影响合理分摊的前提下尽量简化分摊项目和分摊规则。

（三）分摊顺序

客观公平地将各种费用分摊到各阿米巴组织。根据组织状况，费用分摊的层级分别是：集团控股公司—各片区—各分/子公司—一级巴（例如营销巴和生产巴）—二级巴—三级巴等，最后一直分解到最低层的阿米巴组织。

二、 公共费用的分摊方法

（1）确定成本对象。

（2）归集共同费用。

（3）选择分摊标准。

（4）将共同费用分摊到成本对象中。

（5）归集—分摊—再归集—再分摊，直到最终成本计算出来。

在理论上，费用分摊可能存在一个最佳标准。有一些共同费用的分摊标准比较明确，如水电费按实际耗用量分摊。但是，更多的共同费用没有明确的分摊标准，因为共同往往就意味着没有标准，如品牌广告费用在不同产品之间分摊，到底是按销量分摊更科学，还是按价格或市场份额分摊更科学？

胡博士评点：

费用分摊类似于内部税收，是政策导向的。不同标准可能会有不同的后果，如按人员标准可能会促使某些部门尽量少雇用人员。此外，还可以按实际耗用量标准、比例标准、协商标准等。因此，没有绝对完美的分摊标准 。

三、 公共费用分摊的三个维度

公共费用分摊有三个维度，如图 3－1 所示：

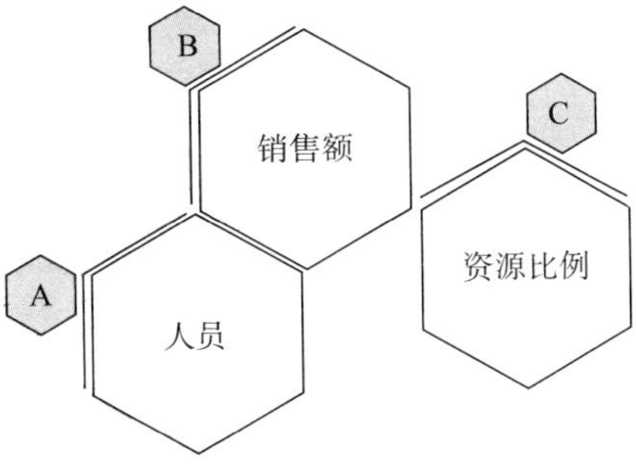

图 3－1　公共费用分摊的三个维度

（1）按人员进行费用分摊。根据各阿米巴单元的人数，对相关的费用预算进行相应比例的分摊。

（2）按销售额或产能分摊。根据各业务部门所负责的业绩数据，统计相应的比例系数，将部分公共费用进行分摊，如表3－1所示。

表3－1 阿米巴公共费用分摊规则

科目	购买或分摊规则
招聘	按人数×层次×职类定价
宿舍	按面积×物业服务定价
会议室	按大小×使用时间定价
总经办公费	按各个阿米巴营业收入分摊
保安部工费	按各个阿米巴人数分摊
对外捐助	按各个阿米巴利润分摊
IT部工费	按终端点数分摊
公共娱乐费	按各个阿米巴层级系数分摊
……	……

（3）按资源比例分摊。即按各阿米巴单元所占用资源的多少，形成相应比例和系数进行费用分摊。

第四节 公共费用分摊的五大类别

阿米巴经营模式将企业所有资产资源划分为设备资源、房屋资源、物资资源、能源资源和人力资源五大类。具体公共费用分摊方法如下。

一、 企业设备资源公共费用分摊

在生产制造型企业里，设备资源主要是在财务上作为固定资产（一年以上）处理的机器设备、模具设备和工艺装备等。如果某件设备在财务上以费用化方式处理，那么就需要按照公共费用分摊的方式分摊给阿米巴组织。一般按设备数量及估值计量，通常计入折旧费、租赁费。

（1）设备资源的公共费用分摊思路。

企业的设备资源应根据阿米巴组织使用情况，以折旧费或租赁费的方式分摊给阿米巴组织。如果是公共使用的设备，则需要按公平公正的规则分摊到各个阿米巴组织。

（2）设备资源的公共费用分摊方法。

由公司设备管理部门对现有设备进行盘存和统计，并对设备的适用性、缺陷性等现状进行分析、评估、调配。

列出设备使用清单及设备使用状态，并报给财务部门。

由公司财务部门统一核定各阿米巴组织的设备折旧费，并计入阿米巴组织的经营支出。不使用的设备不能将费用分摊给阿米巴组织。

阿米巴组织的设备添置、报废、封存、设备的相互转移应到设备管理部门办理手续、备案。

二、 房屋资源的公共费用分摊

（1）房屋资源的公共费用分摊思路。

房屋资源按照阿米巴组织实际使用的面积和公用分摊的面积，以折旧费或租赁费的方式分摊给阿米巴组织。阿米巴组织公用面积的分摊需要根据公平公正的原则进行。

（2）房屋资源的公共费用分摊方法。

由公司财务部门会同企业管理部门确定公共费用的分摊原则；

以阿米巴组织为单位，进行现有房产资源的测量、划分；

对房产资源的适用性进行分析、评估、调配；

按阿米巴组织实际占用面积及分摊的公用面积计算阿米巴房屋占用面积；

确定单位面积价格，按阿米巴组织占用面积计算租赁成本，计入阿米巴经营支出；

阿米巴组织使用面积的变动，应及时到企业管理部门办理手续。

三、 物资资源的公共费用分摊

这里所说的物资资源包括阿米巴组织领用物料及库存等资源（一般按占用金额及时间计量，通常计入资金占用费、库存损耗费等）。

（1）物资资源的公共费用分摊思路。

根据阿米巴组织实际消耗领用情况量化计入阿米巴组织。库存占用按阿米巴组织所占用的额度，以一定的占用利率计入阿米巴组织。

（2）物资资源的公共费用分摊方法。

物料消耗的费用分摊。物料消耗是指生产型阿米巴为维护生产设备等所消耗的各种材料。修理用的劳动保护用材料不包括在此项内，是制造费用的一个支出项目。

由公司财务部会同生产型阿米巴，对生产工艺流程、消耗、费用标准进行统计与梳理，主要根据阿米巴生产经营现状及实际使用，并参照历年阿米巴实际发生的统计数据进行分摊。

由财务部按历年统计数据及公司目标下降值核定费用。

对现有产品各类消耗进行统计，按相应费用标准计入各阿米巴组织。

存货的费用分摊。存货是指企业在日常活动中持有的以备出售的产成品或商品、处在生产过程中的在产品、在生产过程或提供劳务过程中耗用的材料和物料等。

存货应当按照成本进行初始计量。存货成本包括采购成本、加工成本和其他成本。原材料、商品、低值易耗品等通过购买而取得的存货成本由采购成本构成；产成品、在产品、半成品、委托加工物资等通过进一步加工而取得的存货成本由采购成本、加工成本及为使存货达到目前场所和状态所发生的其他成本构成。

企业对现有存货状况的统计与分析；

制定各点的存货控制标准及存货管理办法；

阿米巴所需一切物资费用，包括库存及各类物料以实际消耗领用，并参照同期货款利息，按阿米巴组织所占额度计入成本。

四、 能源资源的公共费用分摊

这里所说的能源资源主要包括水、电等，一般按用量及能源价格计量，通常计入水电费等。

（1）能源资源的公共费用分摊思路。

以实际发生费用计入各阿米巴组织；

对于消耗能源大户必须完善计量手段，确保数据可靠性、真实性，做到精细化管理，减少浪费。

（2）能源资源的公共费用分摊方法。

水费。有计量手段则按计量进行量化，无计量手段则按阿米巴人数均摊。

电费。有计量手段则按计量进行量化，无计量手段则按照电器设备总功率和产量进行分摊。

五、 人力资源的公共费用分摊

人力资源的费用分摊，一般按人数及人均成本计量，通常计入职工薪酬等。

（1）人力资源的公共费用分摊思路。

由财务部门会同人力资源部门建立人工成本费用（人均成本）科目，核定当年度人工成本费用，然后以阿米巴人员数乘以人均成本，计入其投入。

（2）人力资源的公共费用分摊方法。

由人力资源部门负责提供各阿米巴人员情况表，包括各阿米巴人员变更调动等情况，并负责向财务部及时提供人员情况。

建立阿米巴人工成本科目，计算阿米巴的人力资源投入成本。

重点提示：

企业对人力资源进行调配，尽力实现合适的人才放在合适的岗位，通过达成阿米巴经营目标，从而实现人才价值。

表 3-2 公共费用分摊标准

阿米巴名称　　　　　　　　　　　　　　　　　　　　单位：万元

费用发生部门	科目名称	科目定义	绝对值/比例	分摊说明

注：未成立阿米巴之前，可能很多公共费用直接计入管理费用，并未分摊到各个单位，成立阿米巴之后则需要分摊。

表 3-3 阿米巴制造费用分摊表

费用项目	辅助阿米巴应分摊的费用					生产型阿米巴分摊的费用			
	加工车间	维修	供电	供水	……	A 阿米巴	B 阿米巴	C 阿米巴	合计
间接人工									
物料									
燃料									
运输费用									
修理费用									
福利费									
招待费									
差旅费									
租金									
保险费									
折旧									
低值易耗品									
科研费									
其他费用									
合计									

第五节 公共费用分摊的重要性

在一些高科技企业中，成本比例的特点表现为：非生产部门不断增加、间接费用大幅度上升、需要分摊的费用种类增多、日益增长的研发支出等。在成本核算上，有些费用可以不分配，但会影响产品定价策略，如日益增长的营销支出、重组支出、并购准备等。

费用分摊的分配标准至关重要，选择不好的话可能会对企业的经营活动产生潜在的负面影响，此时需要考虑的主要问题是：尽可能变间接为直接，如采用作业成本法等；控制日益增长的间接费用，如引入市场竞争机制、进行外包和战略重组等。

费用分摊的目的是通过将企业的各种资源进行精细量化分摊到各阿米巴组织：一方面为后面建立内部交易价格体系做好准备、打好基础；另一方面让阿米巴单元，尤其是阿米巴领导人明确本阿米巴的经营收入是建立在对企业各种资源耗费基础之上的，而且通过货币量化，让每一位阿米巴成员都清楚地知道自己所使用的每项资源的成本，从而增强“追求销售额最大化和经费最小化”的使命感和责任感，促使企业资源利用更加集约化、精细化。

案例

柏明顿“阿米巴”咨询项目成功案例之二

D公司是一家集面包、月饼、粽子等烘焙类食品生产、销售为一体的全国知名企业，年产值近20亿元（2013年为18亿元），是国内最大的保鲜类工业面包产、销企业。

该公司拥有16家全资子公司，在全国已拥有12家专业现代化的生产基地，在东北、华北、华东、西南、西北等12个中心城市及周边地区建立了4万多个零售终端。其中包括许多大型商超，如家乐福、沃尔玛、大润发、乐购、北京华联、华润万家等。公司先后荣获“中国烘焙最具竞争力十大品牌”“全国糕点月饼质量安全优秀示范企业”等荣誉。

（一）现象简述

（1）人才储备严重脱离企业发展战略。

公司五年内准备新开10~15家集生产、销售为一体的全资子公司，后备人才严重不足，甚至找不出一个可以随时调用的厂长或子公司的负责人，人才储备与公司战略严重不匹配。

（2）成本意识淡薄，从来不算账。

因为经济效益一直不错，所以公司没有对单个产品、客户进行相应的分析和细分算账，其中有些产品是亏损的，或有些生产月份是亏损的。公司每年总体是盈利的，但自己也不知道哪些地方做得好、哪类客户是带来利润的客户、哪些产品的利润高。

（3）公司人员流动性不高（太过稳定）。

很多人是一毕业就在公司干，没接触过外面的管理方式和模式，因此，在事情的执行力方面不错，但真正有管理理念和经营意识的人很少，团队缺少主动创造和思考问题的人才。

（4）太过平稳，员工激励不够。

公司员工本地人多，且稳定性高，因而都想稳定而不愿考虑长远。对公司而言，也就不愿意做长远一点的战略规划和目标设计，连预算都没做。对员工的激励不痛不痒，多劳多得和按劳分配的机制表现不明显。

（5）组织扁平化但职能发挥不够。

一些中高层管理人员身兼多重职能（总部的职能和分子公司的职能，甚至总监做经理的事，经理做主管的事），职责分工较多交叉，虽然没有太大的扯皮现象，但也未能起到相互促进和齐心协力提升组织绩效的功能。

长期的怠倦和守成的管理机制，没有发挥组织的活力。一些部门的职能不健全，如研发部门和采购部门，研发思路和策略采购完全掌握在老板的手中，部门负责人无法发挥部门的功效和职能。

（6）授权体系没有建立。

对分公司、子公司和母公司的管控上，没有明确的思路和方向，完全依在位人的能力和职位的高低来确定经营分公司、子公司的职权，导致某些分公司、子公司的负责人权力过大而出现失控状态。

（7）精细化管理程度不高。

如公司对标准工时没有概念，对产品系统没有明确的定价机制。

（二）原因分析

（1）人才短缺且无经营意识。

人才引进方式不多且对人才的要求不明确，某些方面还存在偏执的认知。没有系统的培养人才机制，只是师傅带徒弟式传统模式，人才的经营意识不强。

（2）战略规划能力弱。

没有目标意识和机制，对员工采取放羊式管理。如只考核市场增长率，在北方市场占据大部分市场份额且接近饱和的情况下，无法引导销售人员和部门对营销进行经营性管理和系统性思考。

(3) 员工创新和独立性差。部分中高层管理人员都停留在执行的层面上开展工作。

(4) 绩效考核等激励手段和机制不健全。

(5) 生产过程中的标准化程度不高，浪费严重。

虽然由于单位利润率较高，以至在如此浪费工时、原材料的基础上还有不差的利润，但如果实行阿米巴责任制之后，成本下降的空间非常巨大的，为什么不追求“销售收入最大化、费用最小化”呢？

（三）解决方案

(1) 诊断调研。

对包括总裁、子公司总经理、各级总监、经理和员工在内的60 多人进行访谈，充分了解公司的现状和历史沿革，并阅读现行各项管理制度将公司的问题挖掘出来。

(2) 组建阿米巴项目组织并订计划。

成立阿米巴项目推进委员会，明确委员会成员及职责分工；制订阿米巴项目详细的推进计划和实施纲要，为后面的项目推进打好基础。

(3) 阿米巴组织划分。

根据公司的组织特点并遵循“全盘规划、逐步实施”的原则，柏明顿对整个集团进行阿米巴组织划分的统一规划，但选择沈阳公司首批实施，然后将实施经验推移到集团其他 15 家子公司。对已经具备阿米巴组织特征的则成立阿米巴组织，对不具备的部门则暂缓实行。

沈阳公司以成巴的组织有：一级巴的销售系统和生产系统。一级销售巴（利润型）又根据职能、客户、区域等共分为 3 个二级巴、17 个三级巴。一级生产巴（成本型）又根据生产大工序分为 5 个二级巴、

39 个三级巴。

不具备成巴条件的组织有：人力资源部、财务部、研发部、采购部、物流部等，暂时按预算型职能部门处理。

（4）阿米巴费用划分。

梳理财务科目。

阿米巴财务科目与传统的会计科目不完全一样。传统的会计科目一般分成管理费用、营销费用、制造费用和财务费用等项。阿米巴经营会计需重新进行组合科目，一般只分成两大类：巴内费用和巴外费用（分摊费用）。

巴内费用是阿米巴组织日常产生的费用，能及时记入阿米巴组织的费用，此费用在数量和时间上应有一定的要求，如时间跨度大或金额过高，也会采用分摊的方式进行费用记入。

巴外费用（分摊费用）包括：总部各职能部门的费用、上级巴组织的费用等。

建立费用分摊规则。

该公司各阿米巴组织进行费用分摊的维度有：销售额、人员编制、产能、资源占比等。

费用分摊规则中应遵行：谁受益谁承担的原则。

费用分摊的层级分别是：集团控股公司—各片区（沈阳和大连片区）—各分公司、子公司——一级巴（营销巴和生产巴）—二级巴—三级巴等。

（5）阿米巴交易定价。

定价即经营，定价系统是阿米巴会计中的核心。有了内部交易定价方能实行内部交易。首先，确定生产巴跟销售巴交易的内部定价；其次，确定生产各工序间的交易定价。

（6）阿米巴运营实施。

阿米巴资源划分。对各阿米巴的场地、设备、人员等进行确定和划分。

明确阿米巴组织职能。

确定各级阿米巴负责人。除三级巴长实行竞聘制，一级、二级巴长目前只适合任命制。

阿米巴运营改善。阿米巴系统运营的重点是进行改善，因此，对各阿米巴数据的校准，对阿米巴改善的方向、改善的方法、改善的工具等进行指导和培训，发挥阿米巴系统真正的作用。

（四）实施效果

（1）找出单位时间产出的关键“单位”。

此前计量生产面包工价的单位为“重量”，即A面包的重量为50克，B面包的重量为25克，则B面包的生产单价为A面包的两倍。但也许B面包的生产工序比A面包复杂，因此这种计价方式极不科学，后来通过工序分析、计时，确定以“工时”为计价单位，解决了困惑该改善多年的不公平现象。

（2）实现从单位工时“效率”到单位人力成本“效益”关键转变

此前由于片面强调生产效率，而且生产部是以面包个数为计价单位，因此生产部只愿意生产单位时间产量最多的面包，但此类面包对于公司而言却不一定是性价比最高的。后来通过产品性价比优化，实行内部交易，公司从销售到生产都愿意从事性价比高的产品，实现了从“效率”到“效益”的关键转变。

（3）定量评价。

2014年11月—2015年4月，增长率由8%上升到37%，其中大部分来自新渠道。生产巴的利润（按标准成本）由上一年度每月亏损 54 万元转为每月盈利 24 万元。

（4）定性评价。

企业总体评价：阿米巴系统经过半年多的打造，终于达到了预期的效果。销售人员主观能动性大大加强，在现在渠道市场占有率达 87% 的饱和状态下，积极拓展新渠道，向非保鲜类面包渠道进军，硬抢下几个市场。接下来将用同样的方式方法继续拓展新渠道。各级员工学会了算账，节约意识大大加强，利用数据来分析问题、解决问题。

柏明顿实操案例：山东某电气公司公共费用分摊

山东某电气股份公司是柏明顿咨询集团的阿米巴咨询客户，该公司员工 8 000 多人，成立初期以电机的自主研发和生产为主，经十多年的快速发展，业务范围扩大到家用电器和商用电器，畅销全球 100 多个国家，全球销量领先。

（一）费用分摊总体思路

费用分摊规则分类说明：

（1）按人数分摊。

（2）按营业额分摊。

（3）按资源配置分摊：如按电脑台数、PDA 数量、面积、资产总额、使用时间等。

（4）收费方式：对产品和服务进行定价，按实际使用数量与价格进行核算。

（5）自负盈亏：成为独立经营单位，与公司现架构完全脱钩。

思路：

从组织的顶级结构开始将所有费用向下逐级进行分摊（或交易），每个层级的阿米巴的分摊费用可以全面清晰地统计出来。

步骤：

1.0 将控股公司的费用向管区进行分配。

1.1 列出本级费用明细项目。

1.2 逐项确定分摊规则。

1.3 合并分摊规则相同项。

1.4 将费用分摊到下一层级。

2.0 将管区的费用向公司进行分配。

3.0 以此类推，直到最小单元。

费用分摊原则：

（1）同一费用从上级部门到下级部门尽可能按同一规则进行分摊，变换规则请用颜色区分。

（2）谁受益谁承担，尽可能公平公正。

（3）分摊后各级费用总和与分摊前总和一致，即无论怎么分，总和相等。

（二）费用层级划分

表 3－4　费用层级划分

费用层级	集团/公司/部门名称	需进行人员和费用分摊的部门	承担费用的直接下属公司/部门	与承担费用的直接下属公司/部门直接相关巴	说明
1	控股公司	董事长 财务总监 人力资源总监 PDA 系统维护专员 品牌及网络维护专员 董秘办 内审部	2 个管区：××管区、××管区	无	

续表

费用层级	集团/公司/部门名称	需进行人员和费用分摊的部门	承担费用的直接下属公司/部门	与承担费用的直接下属公司/部门直接相关巴	说明
2	××管区	总经理（兼） 财务部 人事行政部 技术研发部 营销部 市场部 生产运营部 设备工程部 采购部	2 个部门：销售、工厂	无	
3	××公司	财务部 人事行政部 采购部	2 个部门：销售、工厂	一级巴	
4	××销售部 销售一级巴		三个二级销售巴	销售二级巴	
	工厂		三个工厂	工厂一级巴	
5	销售二级巴		17 个三级巴		
	工厂一级巴		工厂二级巴	17 个三级巴	
	工厂二级巴		工厂三级巴		

（三）公共费用分摊规则

费用分摊规则分类说明：

(1) 按人头分的单位有：人资中心、财务中心、副总裁办、总裁办等。

(2) 按营业额分摊的有：市场中心、战略采购、运输费、研发项目管理中心、标准化研究中心。

(3) 按收费方式分摊的有：行政部、车队、试验中心。

(4) 按资源配置分摊的有：工程中心、质量中心、IT。

(5) 自负盈亏：深圳研发、市场中心零售业务。

(6) 不参与各巴分摊：研发中心孵化业务。

表 3－5　费用分摊规则

序号	部门	费用项目	固定 & 变动分配	分摊规则
1	人资中心	社保、住房公积金	固定	1. 由人资统一做预算，人资需提供各分公司、各巴、总部单位的社保/公积金的预算清单，要求具体到各分公司、各巴。发送给相关单位，并要求将这部分预算按照人资所列金额加到各巴的预算费用项目中 2. 其中，总部公共服务单位的社保、公积金全部要分摊到各巴，按照人数比例 3. 要求人资的预算分配清单需配置合理、要求与实际分配相接近 4. 实际月结入账时，将按照年度预算的各月固定金额进行计算。如实际超出部分由总部承担吸收冲留存利润，并由人资担当检讨 5. 人资中心需注意各法人公司上交人数比例，防范风险
2		猎头招聘费	固定	1. 人资中心依据人力需求统一做预算规划。按照各巴猎头招聘预估费用进行分摊，比如，巴在2014 年需要猎头1 个高管，预计发生猎头费5 万元，这笔费用就预算在巴 2. 2014 年实际月结入账时，遵循谁受益谁承担的原则，按照实际发生额计入受益巴 3. 总部职能单位发生的猎头费用，按照各巴人数比例进行分配
3		除猎头外其他人员的招聘费	固定	1. 人资中心依据人力需求统一做预算规划。按照各 BU 需要招聘的人数进行分摊，按 × 元/人进行计算 2. 2014 年实际月结入账时，遵循谁受益谁承担的原则，按照实际发生额计入受益巴 3. 总部职能单位发生的招聘费用，按照各巴人数比例进行分配
4		商业保险、福利费、培训费	固定	1. 人资中心做一个整体预算，然后按照各巴人数进行分摊 2. 2014 年实际月结入账时，将按照年度预算的各月固定金额进行计算。如实际超出部分由总部承担，并由人资担当检讨
5		有奖介绍、残疾人保障金	固定	1. 人资中心做一个整体预算，然后按照各巴人数进行分摊 2. 2014 年实际月结入账时，将按照年度预算的各月固定金额进行计提。如实际超出部分由总部承担吸收冲留存利润，并由人资担当检讨
6		总部其他费用	固定	1. 人资中心做一个整体预算，然后按照各巴人数进行分摊 2. 2014 年实际月结入账时，将按照年度预算的各月固定金额进行计提。如实际超出部分由总部承担，并由人资担当检讨

续表

序号	部门	费用项目	固定 & 变动分配	分摊规则
7	行政	水电	变动（按水电表数）	1. 各巴必须有各自独立的水表、电表。请行政部在 12 月中旬完成水表、电表的安装确认 2. 由行政部提供收费标准（×元/吨、×元/度，按供电供水公司标准）给到各 BU，由各巴依据生产计划自行预算 3. 总部职能单位发生的水电费用，按照各巴人数比例进行分配 4. 2014 年实际月结入账时，各 BU 实际发生的水电费按行政部的抄表数据及收费标准计算
8		宿舍、外租宿舍租金	变动（按房间数）	1. 按照计算租金的方式进行分摊，由行政部拟制租金收费标准 2. 由各巴自行预算 3. 总部职能单位发生的费用，按照各巴人数比例进行分配
9		生产及办公区域租金	变动（按面积数）	1. 按照计算租金的方式进行分摊，由行政部拟制租金收费标准 2. 由行政部统计各巴及总部职能单位的面积分布图，并按照收费标准计算出各巴及总部职能单位的租金预算，并发送给相关单位，并要求将这部分预算按照人资所列金额加到各自的预算费用项目中 3. 总部职能单位发生的费用，按照各巴人数比例进行分配
10		修理费用	变动（按实际用材料）	分成两部分： 1. 修理用的材料费用：由各单位采购修理用材料，并自行预算 2. 人工及其他费用：按照各巴人数比例进行分配
11		其他费用	固定	按各巴人数占比进行分摊
12	财务中心	进出口	固定	运费可以直接计算到客户的归到客户的巴，其他按各巴营业额占比进行分摊
13		其他费用	固定	按各巴人数占比进行分摊
14	市场中心	零售业务	不分配	独立核算，自负盈亏
15		市场部发生的相关费用	固定	按各 BU 营业额占比进行分摊
16	分公司研发	分公司研发	不分配	独立核算，自负盈亏

续表

序号	部门	费用项目	固定&变动分配	分摊规则
17	研发中心	新能源研究	不分配	主要进行光伏研究，此单位的费用全部由分公司承担
18		工业电源研究中心	不分配	主要进行新品孵化研发，暂不做分摊，由集团总部吸收承担。待后续新品市场化以后再定具体的分摊规则
19		项目管理中心、标准化研究分院	固定	按各巴营业额占比进行分摊
20		可靠性分析实验中心	按收费标准	1. 按照收取服务费的方式进行分摊，由试验中心拟制收费标准 2. 由各巴依据销售预测、收费标准做预算 3. 2014年实际月结入账时，按照试验中心提供的各巴费用清单进行记账
21	质量中心	所有费用	固定	按照资源配置比例进行分配
22	运营中心	车队－货物运输费	变动	1. 收取服务费方式进行计算运输费，提供外租车及厂车收费标准 2. 一辆车只拉一个客户的货，按客户直接归属到对应巴，如几个巴拼车的则按重量比例进行分摊 3. 由各巴参考收费标准自行预算
23		车队－小车费用	变动	1. 按收取服务费方式计算运输费，由×××提供外租车及厂车收费标准 2. 由各巴参考收费标准自行预算
24		运输费	变动	1. 海运：按外部船运的收费直接分配到各巴运输费 2. 其他费用：按照各巴营业额比例分配
25		收料仓	变动	各BU分摊物流费用方案 分摊至BU的物流费用： 应该分摊至该BU的费用＋ $\left(1+\frac{\text{该BU存货总金额（含原材料和成品）}\times(1.5)}{\text{公司存货总金额（含原材料和成品）}}\right)$ 应该分摊至该BU的费用为：物流总费用×（BU当月总销售额/公司当月总销售额） 异常加收费用标准：各BU如对原物料，以及成品的库存量没有控制在应有规定的仓储空间之内而生产暴仓，对此将计算加收仓租费用为：50元/平方米/日
26		成品仓	变动	
27		IT	固定	分为两部分： 1. SAP使用费及SAP顾问：按用户数 2. 其他：按电脑数量
28		除了以上费用项目之外	固定	按各BU营业额占比进行分摊

续表

序号	部门	费用项目	固定&变动分配	分摊规则
29	工程中心	所有费用	固定	按照资源配置比例进行分配
30	含废品仓	所有费用	不分配	废品收入归集团所有，所有费用抵扣收入
31	总裁办	战略采购	固定	按各巴当期采购额占比进行分摊
32	区域费用	销售	变动	巴承担
33		其他行政费用	变动	按各巴营业额占比进行分摊
34	其他公共单位	所有费用	固定	按各巴人数占比进行分摊

（四）公共费用科目与分摊规则

表3-6　公共费用科目与分摊规则

序号	对接部门	对接事项	科目名称	科目定义	现记账方式	建议分配标准	备注
1	董事办	项目费用	项目费用	只限董事办及总经理办使用	董事办	不分配	
		顾问费	顾问费	支付顾问项目发生的费用（含顾问公司费用，参加行业协会等的会员费用）	董事办	不分配	
		应酬费	应酬费	为应酬而发生的红包、礼金、娱乐及其他费用（包括为应酬而产生的车费、餐水费、住宿费等）、直接折让给客户（公司）的折扣费用	董事办	不分配	

续表

序号	对接部门	对接事项	科目名称	科目定义	现记账方式	建议分配标准	备注
		诉讼费	诉讼费	支付的诉讼费	董事办	按案件的具体归属部门划分直接支付外部的费用	
		法务费	法务费	为处理诉讼案件发生的除诉讼费外的费用	董事办	按案件的具体归属部门划分直接支付外部的费用	
		工会相关费用	工会相关费用	为工会发生的专项费用	董事办	按人数分配	
2	总经理办公室	项目费用	项目费用	总经理办使用	总经理办公室	不分配	
		顾问费	顾问费	支付顾问项目发生的费用（含顾问公司费用，参加行业协会等的会员费用）	总经理办公室	不分配	
		福利费	公司活动费	指各项活动经费	总经理办公室	不分配	
		茶水费	茶水费	下午茶所支付的水果、糖果等费用	总经理办公室	不分配	
		诉讼费	诉讼费	支付的诉讼费	总经理办公室	按案件的具体归属部门划分直接支付外部的费用	
		应酬费	应酬费	为应酬而发生的红包、礼金、娱乐及其他费用（包括为应酬而产生的车费、餐水费、住宿费等）、直接折让给客户（公司）的折扣费用	总经理办公室	不分配	
		辅料/固资/设备采购、委外维修费		主要是申请购买辅料、固资、设备的服务费用、委外维修费用	按实际申请部门归集	直接成本计入事业部，按采购总额的 0.1% 收取服务费，固定一月收取一次	
		对外联络相关费用		主要是对外所有应酬费、差旅费、手续费等	总经理办公室	专门为事业部办理的，可以直接归属到部门，其他不清晰的费用不分配	

续表

序号	对接部门	对接事项	科目名称	科目定义	现记账方式	建议分配标准	备注
3	人力企管部	住房公积金	住房公积金	指公司给员工交缴部分的住房公积金	人力资源部	各部门人员实际支付金额分配	
		社保费	社保费	支付的社会保险金，含养老保险、失业保险、工伤保险、医疗保险（公司支付部分）	各成本中心	各部门人员实际支付金额分配	
		招聘费	招聘费－场地费	为招聘而支付给人才市场，或其他机构返给公司内部介绍普工的费用、应聘人员交通费	人力资源部	直接支付给外部的招聘费按人数分配	
		培训费	培训费	交给培训机构的学费、资料费、外出培训所发生的差旅费、场地费、公司为员工内部培训支付的费用（包括内部讲师费用）	本单位举办的培训由本成本中心承担；公共培训费用由人力资源部承担	外部培训记入各事业部；内部培训不分摊	
		会议室、培训室使用管理		指管理会议室、培训室发生的各项费用		不分摊	
		福利费	公司活动费	节日费用、运动会费、春晚费用等集团活动产生费用 体检费、子女入学补贴、优秀员工旅游费、团队建设活动费、年底及开工红包、生日活动费用	人力资源部	不分摊 各部门实际受益人员分配	
			补偿金	被辞退人员离职补偿金	各部门	分配到各事业部	
		员工调配费、植树费、联防费	交政府杂费	是支付给政府劳动部门的员工调配费用、治安联防费、植树等费用，包括工商管理费、各类行政证件的年审费用	人力资源部	按人数的比例分配	
		考勤系统管理费用		包括考勤系统的管理、维护费用	人力资源部	不分摊	

续表

序号	对接部门	对接事项	科目名称	科目定义	现记账方式	建议分配标准	备注
		发放工资的工本费、手续费、办理银行卡相关费用		包括新进人员办理银行卡费用、发放工资手续费用	各部门	按实际发生费用的人数分配	
		直接人员调动、调配		指各部门之间直接人员的调配		按标准工资的1.5倍计算	
		对外联络相关费用		办理对外联络的所有费用	人力资源部	专门为事业部办理的，可以直接归属到部门，其他不清晰的费用不分配	
4	行政部	公共折旧费	公共折旧费	是指大楼公共部分所发生的折旧费用	大楼公共折旧部分分摊到部门	按使用部门的实际占用面积分摊，公共面积不分摊	
		租金	租金－宿舍租金（外部）	指为员工所支付的外租宿舍房屋租金、水电费	行政部	按实际使用的人数分配	
			租金－内部宿舍	公司内部宿舍发生的费用及管理费用		按实际使用人数和固定收费标准分配	
		福利费	公司活动费	春节值班、护厂、活动费用记入行政部	行政部	按人数分配	
		修理及保养费	保养费	本部门日常设备点检保养所发生的费用（含领料保养油等）	电梯保养费记入行政部；设备保养费记入各部门	能直接归属的，记入事业部；不能直接归属的不分摊	
			设备修理费	设备损坏后由工程部或IT部门维修领料产生的费用，及送外厂、单位修理所发生的费用	分配到各部门		
			工治具费用	外购及委托五金工模加工工治具费用	各部门实际发生记账		
			后勤维修费用	行政部门自制低值易耗品（桌椅等），后勤、宿舍水电等维修、小装修费用	分配到各部门		

续表

序号	对接部门	对接事项	科目名称	科目定义	现记账方式	建议分配标准	备注
		燃料动力费	电费	支付的电费（抄表数计算）	分配到各部门	可以直接抄表计算的，记入各事业部，公用部分按人数计算	
			水费	支付的水费	行政部统一报销，记入各单位		
			燃料费	核算生产经营过程中所用的各种气体、各类燃油，如柴油、汽油等	行政部统一报销，记入各单位	可以直接抄表计算的，记入各事业部，公用部分按人数计算	
		排污费	排污费	是指交付的排污排洪费用，含通下水道等费用	行政部	不分摊	
		卫生费	卫生费	是指交予环保部门的卫生费用，包括除“四害”费用等	行政部	不分摊	
		通讯费	固定电话费	支付的固定电话费用	行政部统一报销，记入各单位	按号码使用单位分配	
			手机费	支付报销的手机费	行政部统一报销，记入各单位	按号码使用单位分配	
		篮球场等所有公用设施		指篮球场等公用设施的管理、维护费用	行政部	不分配	
		保安服务费		指行政部保安人员的工资、社保、住房公积金等各项费用	行政部	保安人员工资、社保、住房公积金，按总人数的比例分配	
		宿舍水电费		指宿舍人员的水费、电费	各部门	按电表、水表直接归属	
		公用设施的水电费		指公用设施的水电费	各部门	不分配	
		消防设施		指厂区使用的灭火器、应急灯等消防设施费用	行政部	按实际使用数量分配	
		监控系统		指厂区内监控系统的购置、维护费用	行政部	不分配	

续表

序号	对接部门	对接事项	科目名称	科目定义	现记账方式	建议分配标准	备注
		食堂管理		指食堂的管理费用	行政部	不分配	
		绿化管理		指厂区内绿化、盆栽维护费用	行政部	不分配	
		对外联络相关费用		办理对外联络的所有费用	行政部	专门为事业部办理的，可以直接归属到部门，其他不清晰的费用不分配	
		快递、订机票等服务费用		指行政部为各部门订机票、办理快递的服务费用	行政部	快递费、机票费按实际发生记入事业部，服务费按月收取固定费用	
		工伤办理费用		指行政部为各部门办理工伤的各项费用	行政部	按实际发生记入事业部，服务费按月收取固定费用	
5	财务部	商业保险	财产保险	支付公司财产保险相关费用	财务部	不分配	
			人身意外保险	支付人身意外险费用	财务总部	不分配	
		审计费	审计费	支付的审计费用	财务部	不分配	
		税费	房产税	计提的房产税	财务部	不分配	
			土地使用税	计提的土地使用税	财务部	不分配	
			车船使用税	计提的车船使用税	财务部	不分配	
			印花税	支付的企业印花税	财务部	不分配	
			堤围费	交政府单位的堤围费用	财务部	不分配	
		出纳、会计处理事务		指财务人员协助事业部办理日常账务处理	财务部	第一事业部又分配一名财务人员，此费用记第一事业部	
6	市场部	广告费	广告费－参展费	参加展览支付给展览主办机构的展位费用，因参展、广告、出差报销的车费、餐水费、零星开支	市场部	可直接归属的，记入事业部；不可直接归属的，按参展产品的比例分配	

续表

序号	对接部门	对接事项	科目名称	科目定义	现记账方式	建议分配标准	备注
			市场开拓费用	指市场部开拓市场费用，包括购买市场分析报告等费用	市场部	可直接归属的，记入事业部；不可直接归属的，按推广产品的比例分配	
			广告费－广告费	指公司为销售产品或公司形象宣传发生的费用	市场部	可直接归属的，记入事业部；不可直接归属的，按年度预算营业额的比例分配	
		专利费	专利费	支付各项专利申请费（含产品专利申请费用、商标注册费）	市场部	直接归属各事业部（针对事业部发生的）	
7	进出口科	报关费	查车费	指支付海关查车、车场费用	进出口科	直接归属的，记入事业部；不可直接归属的，按销售额比例分配	
			打单费	指支付海关打单费用，复印、打印、传真、工本等费用	进出口科		
			商检费	指支付进出货的商检费用	进出口科		
			委托费	指委托转厂费用	进出口科		
			报关费	此科目只限于中国香港公司使用，包括HK所有报关费用	进出口科		
			报关人员服务费				
8	质量中心	客诉客退费	返工材料	去客户处返工耗用的材料	根据责任单位分配	直接按责任单位归属	
			处理客诉费用	去客户处返工、处理返工发生的所有费用（车费、餐水费、住宿费、应酬费等）	根据责任单位分配		
			原材料检测费	支付原材料检测费（包括材料环保检查、抽样、跌落实验等费用）	品管		

续表

序号	对接部门	对接事项	科目名称	科目定义	现记账方式	建议分配标准	备注
			客户查厂费用	指客户来我司查厂的应酬费、车费等各项费用	根据责任单位分配	按客户归属，其他部门配合的费用不分配	
			体系认证费	指认证费用、证书年费	根据责任单位分配	不分配	
9	工程中心	检测费	设备仪器检测	支付设备仪器检测费用（含审核费）	工程部统一报销，根据使用单位分配	直接支付给外部的直接归属到事业部；内部的按双方确定的价格表分配	
			设备维修	设备损坏后由工程部或IT部门维修领料产生的费用，及送外厂/单位修理所发生的费用	工程部统一报销，根据使用单位分配	材料直接记入事业部；直接支付给外部的直接归属到事业部；内部维护待商定。	
			工治具费用	外购及委托五金工模加工工治具费用	各部门实际发生记账	按内部交易价格	
10	客户服务计划部	运输费	货车运输费	指公司的货车的油费、路桥费、汽车修理费、年审费、保险费等	客服计划部	外租车费用：若是第一事业部单独请的车，按单租车费用算，若是合并车辆，按重量分摊费用，将事业部的费算出来	
			外租货车费	指公司外租货车的运输费用	客服计划部		
			HK运费	HK的运输费用，包括海陆空运费	香港××销售中心		
		小车费	小车费用	指公司的小车油费、路桥费、修理费、年审费、保险费等	客服计划部	按照外租小车的收费标准	
			外租小车费	指外租小车出差的费用	各部门		
		送货员的费用		指送货人员的工资等费用	客服计划部	不分配	
		派车服务费		指客户服务部安排车辆服务费用	客服计划部	不分配	
11	安规专项	认证费	安规认证费用	支付的检查费用、体系检查费、体系年费、为体系检查而发生的看厂费用、证书年费	安规专项	按客户、产品直接分配	

续表

序号	对接部门	对接事项	科目名称	科目定义	现记账方式	建议分配标准	备注
		认证费	体系检查费	支付的检查费用、体系检查费、体系年费、为体系检查而发生的看厂费用、证书年费	安规专项	不分配	
		外部检测费	外部检测费	指送到外部单位进行检测所发生的费用	安规专项	按客户、产品直接分配	
		内部检测费	内部检测费	指安规中心可提供检测的费用		按内部检测价格标准	
12	资讯中心	SAP设备维护费	顾问费	指IBM服务器、香港机房、惠州机房、网络设备等维保费用	资讯中心	不分配，待其他事业部成立后再定分配规则	
		硬件设备折旧费用	顾问费	指各类硬件设施的费用	资讯中心	不分配，待其他事业部成立后再定分配规则	
		软件的使用、摊销费用	顾问费	指使用软件的费用	资讯中心	不分配，待其他事业部成立后再定分配规则	
		源讯后期支持服务费用	顾问费	指源讯后期支持服务费用	资讯中心	不分配，待其他事业部成立后再定分配规则	
		电脑管理、维护、技术支持	顾问费	指资讯中心管理、维护电脑和技术支持的费用	资讯中心	不分配，待其他事业部成立后再定分配规则	
		顾问各类开发服务费	顾问费	指资讯中心为各部门开发报表产生的费用	资讯中心	不分配，待其他事业部成立后再定分配规则	
		网络费	网络费	支付的网络费用（含域名的维护费）	资讯中心	不分配，待其他事业部成立后再定分配规则	
13	研发中心	样品费用	样品费用	是指为客户制样所耗用的材料费用、送样快递费用	按领用部门分配	直接归属各事业部	
		检测费	成品检测费	支付成品检测费（包括成品环保检查、抽样、跌落实验等费用）	研发中心	直接归属各事业部	
			EMC检测	支付研发部EMC预测费	研发中心	直接归属各事业部	

续表

序号	对接部门	对接事项	科目名称	科目定义	现记账方式	建议分配标准	备注
		专利费	专利费	支付各项专利申请费（含产品专利申请费用、商标注册费）	申请部门（研发中心、市场部）	直接归属各事业部	
		工程仓管理费用	工程仓管理费用	指工程仓管理发生的人员、场地、材料费用	研发中心	按照实际领用材料单价计算费用	
		标准化支持与信息共享费用	标准化支持与信息共享费用	指研发提供的标准化支持与信息费用	研发中心	不分配	
14	供应链中心	通用材料采购服务费用	通用材料采购服务费用	指通用材料采购发生的服务费用	供应链中心	按领用总金额的0.1%收取	
15	资材中心	叉车费	叉车费	指物流环节使用叉车所发生的费用	资材中心	不分配，待其他事业部成立后再定分配规则	
		搬运费	搬运费	指物流环节发生的搬运费用	资材中心	不分配，待其他事业部成立后再定分配规则	
		生产计划、安排服务费	生产计划、安排服务费	指资材中心安排生产计划发生的服务费用	资材中心	不分配	
16	分公司	材料购入发生的费用	材料购入发生的费用	指HK购入材料发生的各项费用	分公司	不分配，材料单价中已加收0.3%代购费	
		产品销售发生的费用	产品销售发生的费用	指销售产品发生的各项费用	分公司	销售按实际直接分配到事业部；其他费用按销售额比例分配	
17	各销售中心	事业部之间交叉接单的价格确定	事业部之间交叉接单的价格确定	指各事业部之间交叉接单的价格确定		按2015年度实际产生费用测算预算，半成品计价标准：按标准价+5%利润作为交易价计算	
18	各事业部	关联交易价格的确定	关联交易价格的确定	指各事业部之间关联交易价格的确定			

五、人力成本分摊表

表 3-7 人力成本分摊表

费用发生部门	费用项目	包含内容	分公司	销售部（销售一级巴）	销售部（销售二级巴）	销售部（销售三级巴）	工厂	三厂（工厂一级巴）	三厂（工厂二级巴）	三厂（工厂三级巴）
				销售部					车间	
控股公司	人工费用	工资	按销售额分摊	按费用分摊	按销售额分摊	按人数分摊	按费用分摊	按产值分摊	按产值分摊	按人数分摊
		劳务费								
	社会保险（统筹）	养老+失业+医疗+工伤+生育								
	住房公积金	住房公积金								
	工会经费	工会经费								
分公司公共费用	人工费用	工资		按费用分摊	按销售额分摊	按人数分摊	按费用分摊	按产值分摊	按产值分摊	按人数分摊
		劳务费								
	社会保险（统筹）	养老+失业+医疗+工伤+生育								
	住房公积金	住房公积金								
	工会经费	工会经费								

续表

费用发生部门	费用项目	包含内容	分公司	销售部（销售一级巴）	销售部（销售二级巴）	销售部（销售三级巴）	工厂	三厂（工厂一级巴）	三厂（工厂二级巴）	三厂（工厂三级巴）
				销售部					车间	
部门公共费用	人工费用	工资		按照实际发生	按销售额分摊	按人数分摊	按照实际发生	按产值分摊	按产值分摊	按人数分摊
		劳务费								
	社会保险（统筹）	养老 + 失业 + 医疗 + 工伤 + 生育								
	住房公积金	住房公积金								
	工会经费	工会经费								

六、工时分摊表

表 3-8 工时分摊表

工时发生部门	分公司	销售部（销售一级巴）	销售部（销售二级巴）	销售部（销售三级巴）	工厂	三厂（工厂一级巴）	三厂（工厂二级巴）	三厂（工厂三级巴）
		销售部					车间	
控股公司	按销售额分摊	按费用分摊	按销售额分摊	按人数分摊	按费用分摊	按产值分摊	按产值分摊	按人数分摊
分公司		按费用分摊	按销售额分摊	按人数分摊	按费用分摊	按产值分摊	按产值分摊	按人数分摊
部门公共工时		按照实际发生	按销售额分摊	按人数分摊	按照实际发生	按产值分摊	按产值分摊	按人数分摊

第四章
阿米巴内部定价的策略

本章重点

⊙内部定价是阿米巴领导的职责，价格应定在客户乐意接受、公司又赚钱的平衡点上。给产品定价有各种考量。低价，薄利多销，还是高价，厚利少销？价格体现经营者的经营思想。

⊙阿米巴经营模式中，引入外部的市场机制，各阿米巴单元间将原来的工作交付关系转化为交易关系，相互间进行产品或服务交易。内部交易的前提是确定好各阿米巴单元间的产品或服务价格。

⊙阿米巴与阿米巴之间的交易主要有两种：一个是产品交易，另一个是服务交易。产品交易又分为三种：外发加工式、外购部件式、购销委托式。

⊙内部定价的四大方法：成本推算法、利润逆算法、开价侃价法、市场参照法。

⊙阿米巴内部定价的意义主要体现在：提升各阿米巴内部资源的有偿使用意识；形成完整的交易价格体系；完善阿米巴有偿服务质量标准；通过阿米巴内部定价，使阿米巴获得直接经济效益。

⊙阿米巴内部定价的过程中，为防止阿米巴之间的恶意提价或不公平定价的出现，最终做出判断的公司高层必须制订让任何一方都能信服的公平价格。

⊙阿米巴内部交易的实际操作方式是：把下一道工序的阿米巴视为上一道工序阿米巴的客户，各阿米巴之间以产品与有偿服务的方式，按市场化运作方式进行交易。

第一节　内部定价的种类

阿米巴与阿米巴之间的交易主要有两种：一个是产品交易，另一个是服务交易。产品交易又分为三种：第一种是外发加工式，第二种是外购部件式，第三种是购销委托式。

什么叫外发加工式？改革开放之初，“三来一补”，即来客户、来技术、来材料、加工。

什么叫外购部件式？就是说从上游厂家买来商品，但是对于阿米巴来讲是一个部件，对于上游来讲它是一个成品，阿米巴要对这个部件进行加工或者组装，不是说拿来就完全可以去卖，这种叫外购部件式。

什么是购销委托式？阿米巴接了订单，然后下单给人家去做，产品做完之后，不需要阿米巴再做任何加工处理，直接就可以把它销售给客户。

阿米巴内部之间除了产品的交易，实际上还有很多是服务的交易，因此服务的交易也有一个定价。比如人力资源部帮助阿米巴招聘员工，这就叫服务的定价。所以，从交易的种类来讲，定价的种类就分为产品定价和服务定价，然后再细分成不同的种类，如表 4－1 所示。

表 4－1　阿米巴定价的种类

		简述	订货式	备货式
产品定价	外发加工式			
	外购部件式			
	购销委托式			
服务定价	单项服务			
	常年服务			

第二节　四种内部定价方法

内部定价有不同的种类，也有不同的定价方法。我们归纳了一下，常用的就四种（如表4－2所示）。

表4－2　经营会计的四种内部定价方法

定价方法	简述	适用对象
成本推算法		成本较高并有刚性需求
利润逆算法		利润弹性不大，成本弹性较大
市场参照法		服务交易
开价侃价法		服务交易

例如，用成本推算法算服务定价：

服务单价＝（人工＋各种费用）÷预定服务次数＋单次利润

其中，人工＝工资＋奖金＋福利＋其他

费用＝管理费用＋低值易耗品＋上级分摊

一、　成本推算法

成本推算法是指按照每道工序的成本多少来推算内部定价（见图4－1）。这是以每道工序的产品单位成本为基本依据，再加上预期利润来确定的内部定价。

例如，A阿米巴向B阿米巴购买注塑件，B阿米巴就要计算塑料米（塑料原料）多少钱一吨、模具多少钱一套、一套模具能做多少个这样的产品。然后，注塑机多少钱一台、一台注塑机能用几年、一年又能做

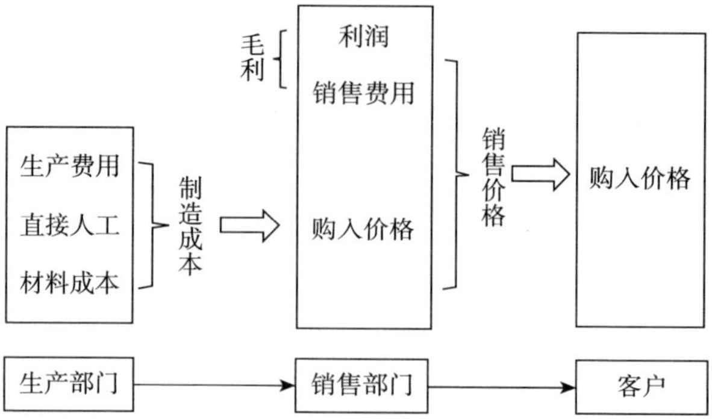

图 4-1 成本推算法（订货式）

多少个这样的产品。厂房分摊折旧、直接的人工工资、管理人员的工资，所有成本加起来，计算出做一件注塑件的内部成本价是 2 元。另外，B 阿米巴还要分摊总部的公共费用。

阿米巴内成本加上分摊的公共费用，这是生产一件产品的成本。然后在保证 20% 利润的前提下，才能进行交易。

成本推算法适用于内部转让的产品或劳务没有正常市价的情况。从它的最终价格向前倒算，来决定各道工序的价格。这一产品以这一价格卖给客户，那么，最终的检验工序的价格是多少，精加工工序价格是多少，一直推到原料部门是多少。

成本推算法是阿米巴内部定价首先需要考虑的方法。成本是阿米巴生产经营过程中所发生的实际耗费，客观上要求通过商品的销售而得到补偿，并且要获得大于其支出的收入，超出的部分表现为企业利润。

成本推算法的优点是定价方式简单明了，以现成的数据为基础；在考虑本阿米巴合理利润的前提下，下一道工序的阿米巴需求量大时，价格显得更公道。在实践中，阿米巴可以采用成本加成的方法（即在服务成本的基础上加一定的加成率）来定价。这种定价方法的缺点在于：

一是不考虑市场价格及需求变动的关系；二是不考虑市场的竞争问题；三是不利于企业降低产品成本。

二、利润逆算法

利润逆算法即已经决定了利润的多少，其他定价根据各自需要自行解决（见图4－2、图4－3）。其优点是比较关注市场、关注竞争对手。

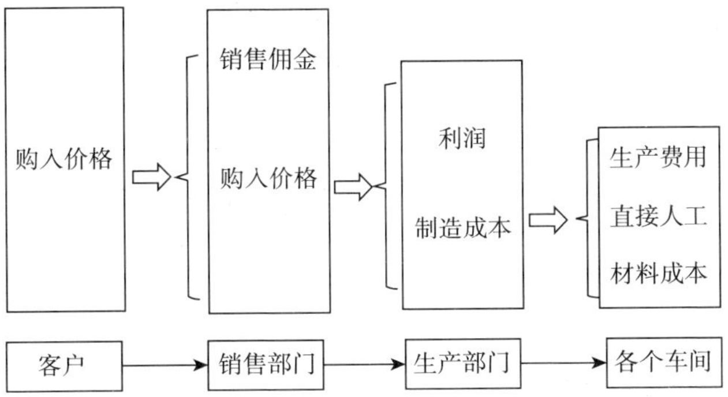

图4－2　利润逆算法（订货式）

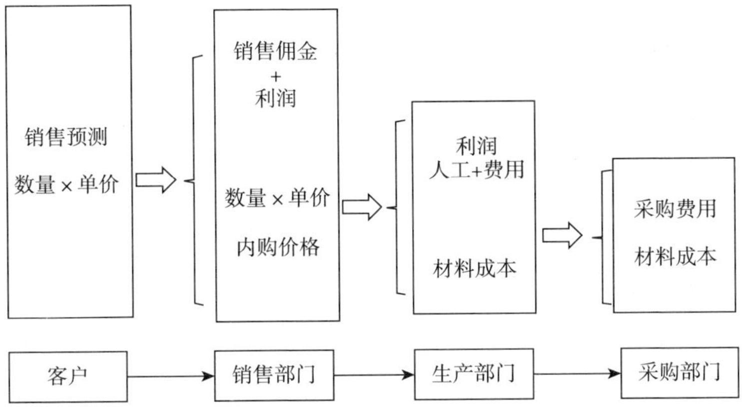

图4－3　利润逆算法（备货式）

一定的目标利润需要一定的目标销售额和目标成本来维系。阿米巴组织以利润目标为出发点，在科学的市场调查与预测基础上，通过市场调查、预测和同行业先进水平、本阿米巴最高水平的比较，从而对阿米巴将来一定期间所获得的利润做出科学预算。以阿米巴经营目标、生产或进货成本、费用、税金、预期收益为依据，以追求经济效益最佳化、实现预期投资报酬率、扩大市场份额、维持营业等为目标，确定合理的产品价格。

在确定目标利润时，要以本阿米巴的历史资料为基础，根据对未来发展的预测，通过研究产品品种、结构、成本、产销数量和价格几个变量间的关系及对利润所产生的影响，结合市场经济动态、企业的长远发展规划等有关信息，在反复研讨论证的基础上加以确定，以确保本期利润的最优化。

三、 市场参照法

市面上多少钱，阿米巴就卖多少钱。

市场参照定价法，主要是根据产品或劳务的市场供应价格作为计价基础，若卖方愿意对内销售且售价不高于市价时，买方有购买的义务，不得拒绝。若卖方售价高于市价，买方有改向外界市场购入的自由。若卖方宁愿对外界销售，则应有不对内销售的权力。应该调整由于降低销售成本，没有契约成本等而带来的成本节约。

在存在完全竞争的市场条件下，参照市场价格，让定价双方心中有数，最终按照市场的价格去定价。采用市场价格法可以解决各阿米巴之间可能产生的冲突，生产型阿米巴有权选择其产品是内部转移还是卖给外部市场，而采购型阿米巴也有权自主决定。

以市场为依据的内部定价是以市场上的产品或有偿服务价格作为内部价格，适用于能够对外销售产品及从市场上购买产品的较高层次的阿米巴。企业应在进行市场调查的基础上，参照市场上的定价，尽量等于或低于该种产品或服务的平均市场价格。

市场参照法的特点是灵活有效地运用价格差异，对平均成本相同的同一产品，价格随市场需求的变化而变化，不与成本因素发生直接关系。

如果与市场价格偏离，将会使相关阿米巴的利润下降。市场价格比较客观，能够体现责任会计的基本要求，但市场价格容易波动，其准确性与可靠性受影响，甚至有些产品无市场价格作为参考，因而市场价格作为内部交易价格有很大的限制。

四、 开价侃价法

开价侃价法是指阿米巴之间本着公平、自愿的原则，买卖双方以正常的市场价格为基础，定期共同协商，确定出一个双方都愿意接受的价格作为计价的标准。

内部转移价格中所包含的推销和管理费用，一般要低于外界供应的市价。

内部转移的中间产品一般数量较大，故单位成本较低。

售出单位大多拥有剩余生产能力，因而议价只需略高于单位变动成本就行。

开价侃价法在各阿米巴独立自主制订价格的基础上，充分考虑了企业的整体利益和供需双方的利益。同时，保留了阿米巴负责人的自主权，培养了阿米巴的经营人才。

这种方法运用恰当，将会发挥很大的作用。但在实际操作中，由于存在质量、数量、商标、品牌甚至市场的经济水平的差别，使得与市场价格直接对比很困难。

胡博士评点：

开价侃价法的好处就是效率比较高，有利于企业整体利益最大化。面议法的缺点主要有两个：一是业绩指标可能由于阿米巴负责人的协商谈判技巧而扭曲；二是面议时会花费非常多的时间和资源。

总之，阿米巴的内部定价不能拘泥于一种定价方式，要结合企业与各阿米巴组织的实际情况，采用多种定价方法互补的方法，才能更好地适应企业内外市场。

四种定价方法各有利弊。比如成本推算法，适合成本比较高，而且成本比较刚性的阿米巴。利润逆算法就是利润的刚性比较足，弹性不大，但是成本的弹性较大。市场参照法、开价侃价法适合服务交易。

第三节　内部交易定价六要素

阿米巴要进行内部定价，就要企业内部市场化。企业内部多个阿米巴之间、利润中心与成本中心之间按照市场机制建立交易关系，明确相互之间提供的产品和服务及收费标准，确定违约责任和索赔机制。同时，引入外部市场价格促使内部交易服务成本下降，如果内部服务成本无法降低则还应寻求外部交易机会。

一般而言，内部交易定价主要有六要素，如图 4－4 所示：

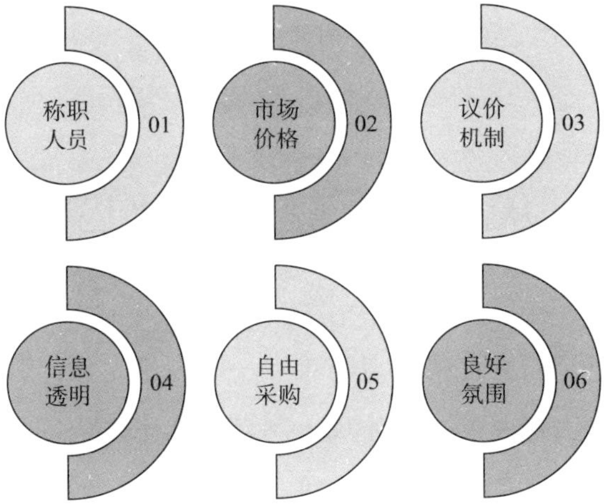

图 4－4　内部交易定价六要素

（1）称职人员。在理想状况下，管理者应该既关注本责任中心的长期业绩，又关注短期业绩。参与转让价格议定和仲裁的人员也必须称职。

（2）市场价格。理想的转让价格应该基于已经形成的转让产品的同等产品的正常市场价格，即反映要确定转让价格的产品同等条件下的市场价格。市场价格可以下调，以反映因内部销售而产生的节约。

（3）议价机制。各个阿米巴经营单元之间必须存在一个议定的"合同"协调机制。

（4）信息透明。管理者必须了解可以获得的替代方式，以及每种方式的相关成本和收入。

（5）自由采购。应该存在替代采购方式，管理者应该有权选择最有利于自己的替代方式。采购经理应该有外购的自由，销售经理也应该有外销的自由。市场价格反映销售方对内销产品的机会成本，转让价格反映公司的机会成本。

（6）良好氛围。管理者必须把损益表中所反映的盈利能力视为业绩评价的一个重要指标和重大因素。他们应该认为转移价格是公平的和合理的。

第四节　从战略角度考虑阿米巴内部定价

针对阿米巴经营会计的重点与难点——内部定价，我们应该知道内部市场化是阿米巴经营的主要体现。制订阿米巴的内部价格，是阿米巴取得业绩和利润的关键。因此，我们需要从战略角度考虑阿米巴内部定价。

每一个阿米巴都是一个小的利润中心，所有阿米巴都负有核算责任。每个阿米巴的领导人都必须负责本巴的定价，考察每一种产品的核算，在正确的经营理念指导下，实现利润最大化。内部定价还考验每一位阿米巴负责人的经营智慧。

阿米巴内部定价是企业内阿米巴组织之间由于相互提供产品、半成品或劳务而引起的相互结算、相互转账所需要的一种计价标准。阿米巴的内部定价与公司经营战略和公司的内部控制、管理制度相关。阿米巴的内部定价不是“拍脑袋”出来的，而是要结合历史数据的分析，以及参考外部市场价格，才能制订出最科学的内部交易价格。

重点提示：

阿米巴内部定价的意义主要体现在：提升各阿米巴内部资源的有偿使用意识；形成完整的交易价格体系；完善阿米巴有偿服

务质量标准；通过阿米巴内部定价，使阿米巴获得直接经济效益。

第五节　阿米巴内部交易的结算标准

定价能力是保护利润的关键。科学制订内部价格，能够使各阿米巴“利润”相对客观、真实。

确定内部定价标准，需将阿米巴组织所涉及的定价项目全部列出，有遗漏的还需及时增补并及时调整。

企业要构建起内部交易模型，在企业内部实现“市场化运作”。阿米巴内部交易的实际操作方式是：把下一道工序的阿米巴视为上一道工序阿米巴的客户，各阿米巴之间以产品与有偿服务的方式，按市场化运作方式进行交易。

阿米巴内部交易主要是两种形式：一个是产品，看得见、摸得着；另一个是服务，看不见、摸不着。有偿服务的定价方法看起来简单，只有一种，以时间为单位核算。不管是制订产品的价格，还是制订有偿服务的价格，一个很重要的关键词叫作“单位时间”，单位时间是核算内部价的基础。

一、界定阿米巴产品内部交易的结算标准

阿米巴经营是以市场价格为基础，通过把市场价格引入阿米巴经营体系，根据内部交易价格开展生产经营活动。

界定阿米巴的产品内部交易结算标准，我们必须明确几点内容：

（1）定价为经营之本。

阿米巴领导人必须对收集来的信息进行彻底的分析，在准确掌握市场价格和竞争对手动向的基础上，正确认识本阿米巴产品的价值，然后进行价格评估。内部产品定价主要采取成本加成定价法：以实际成本为基础，加上当期平均销售利润作为内部结算价格。

（2）所有工序都是按照单位时间进行定价。

内部产品交易是企业内部各阿米巴之间物资、材料、产品、半成品、零部件的购销活动。公司内部购销的定价是按照生产该产品各道工序的阿米巴相同单位时间决定的，由于原本就是高附加值产品，所以所有工序都是按照单位时间进行定价。

（3）实施定价与降低成本的联动。

对产品进行定价时，必须同时考虑降低成本的方法，而且生产型阿米巴需要进行成本削减，找到降低生产成本的办法。做到内部定价与降低成本的联动，保障阿米巴的利润和市场竞争力。

产品定价演练如表 4－3 所示。

表 4－3　产品定价演练

产品编号	产品名称	最终交易成果界定	定价依据	单价

二、 界定阿米巴有偿服务的结算标准

有偿服务是指各阿米巴之间加工、运输及服务的活动。按照“细

化项目、明确标准、合同承包、有偿服务、严格结算”的原则，界定阿米巴的有偿服务结算标准。

（一）影响阿米巴有偿服务定价的因素

影响有偿服务定价的因素主要有三个方面，即成本、需求和竞争（见图4－5）。

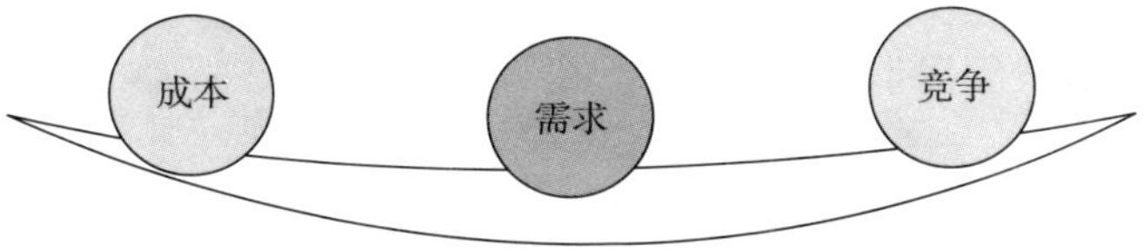

图4－5　影响有偿服务定价的三个因素

管理型阿米巴必须理解有偿服务的成本是随时间和需求的变化而变化的。成本决定着有偿服务价格的最低界限，如果价格低于成本，阿米巴组织便无利可图。市场需求决定着有偿服务价格的上限，市场竞争状况直接影响着阿米巴有偿服务定价策略的制订。在有偿服务差异性较小、市场竞争激烈的情况下，服务价格也相应降低。

（二）阿米巴有偿服务的定价方法

阿米巴有偿服务的定价方法主要有：

（1）成本推算法。

这是指阿米巴组织依据其提供服务的成本决定服务的价格。这种方法的优点：一是简单明了；二是在考虑阿米巴合理利润的前提下，当客户需求量大时，能使提供服务的阿米巴维持在一个适当的盈利水平，并降低客户的购买费用，其具体的方法有利润导向定价。

（2）竞争导向定价法。

这是指以竞争者各方面之间的实力对比和竞争者的价格作为定价的主要依据，以竞争环境中的生存和发展为目标的定价方法。

除了有形产品，各阿米巴单元间还有些非产品性的交易。如人力资源部成立一个利润巴后，向其他巴提供人力资源服务时，需要进行相应的收费；公司的研发部成立利润巴后，向其他巴提供工程技术检测时，需要进行相应的收费；公司的行政部门成立利润巴后，也需要向其他巴提供相应的服务收费。

下面几个服务收费表供参考：

行政部宿舍服务收费标准如表 4－4 所示：

表 4－4　行政部宿舍服务收费标准

宿舍名称	一宿舍		二宿舍		
	一房一厅	单间	夫妻房	一房一厅	单间
服务收费标准	200 元/间	100 元/间	300 元/间	210 元/间	150 元/间

工程部检测服务收费标准如表 4－5 所示：

表 4－5　工程部检测服务收费标准

序	检测项目	单位	收费标准	备注
1	跌落实验	台	23 元	
2	高温高湿操作实验	款	480 元	每加一款加 70 元
…	…	…	…	…

三、 阿米巴有偿服务结算程序

有偿服务结算程序是：

（1）供销双方签订有偿服务合同。

（2）劳务方依据协议提供服务并开具结算单。

（3）劳务方开具发票结算。

(4) 接受劳务方履约付款。

有偿服务结算定价演练如表 4 –6 所示。

表 4 –6　有偿服务定价演练

产品编号	服务名称及提供部门	最终交易成果界定	定价依据	单价

第六节　内部定价如何避免利益冲突

阿米巴的内部定价与公司经营战略和公司的内部控制、管理制度相关。阿米巴之间价值交换如何定价，应该由熟悉各阿米巴经营业务的公司高层根据内部定价的原则和方法，能够准确地评价阿米巴组织所需的经费支出和劳动力，并公平地决定相应的售价。阿米巴内部定价要做到公平与公正，就应做到参照市场价格自由购买、参照历史定价内部协商、售价还原倒推比例定价、参照历史毛利逆算定价、公共费用科学分摊、管理服务部门有偿定价等。

胡博士评点：

阿米巴内部定价是需要经过双发协商与认可的过程，最重要的是多方协调，避免利益冲突。

例如，在生产制造型的企业，如果按照各道工序建立多个阿米巴组织，那么在阿米巴之间就形成半成品的购销关系，这时就需要设定阿米巴组织之间的售价。阿米巴组织都希望尽可能地提高自身的核算，而如何设定售价对每个阿米巴组织都非常重要。

设定各道工序之间的售价，必须首先从销售给客户的最终售价进行倒推计算。比如，某个制砂生产线工艺流程要经过原料阿米巴、震动给料机阿米巴、制砂机阿米巴、振动筛阿米巴和成品阿米巴等，阿米巴之间的售价应该以订单金额为标准，从最终工序的成品阿米巴到振动筛阿米巴、制砂机阿米巴、震动给料机阿米巴、原料阿米巴进行依次分配。但是，由于判断各道工序之间买卖价格的客观标准只有订单价格，因此在价格设定时需要十分谨慎。

阿米巴内部定价的过程中，为防止阿米巴之间的恶意提价或不公平定价的出现，最终做出判断的公司高层必须制订使任何一方都能信服的公平价格。判断阿米巴之间售价的人，必须充分考虑各个阿米巴组织发生多少经费支出、需要多少人力资源、产品有多大技术难度、与同类产品市场价格的比较等因素，最终做出公平的判断。而要做出公平的判断，决定价格的公司高层还必须具备关于劳动价值的社会性常识。

第七节　内部定价的意义

阿米巴经营模式需要构建内部交易价格体系，从而形成内部交换的虚拟市场。使得每个阿米巴都像一个小企业，都有经营者，都有销售额、成本和利润。阿米巴经营不仅考核每个阿米巴领导人，而且考核每个阿米巴成员每小时产生的附加价值。这就真正落实“人人成为经营者”的理念，发挥企业每一位员工的积极性和潜在的创造力，把企业经营得有声有色。

内部定价的意义主要体现在：

（1）提升各阿米巴内部资源的有偿使用意识。

通过阿米巴内部定价和结算，引导各阿米巴逐步建立了完整的成本概念和全面的效益观，强化了各阿米巴内部资源的有偿使用意识，为解决内部紧缺资源的有效分配提供了一个重要的管理手段。同时，也能够引导阿米巴提出更加合理的资源需求，减少内部资源浪费，使真正需要资源的阿米巴和经营业务得到保障，更加有力地支撑了阿米巴业务的发展。

（2）形成完整的内部交易价格体系。

阿米巴内部交易价格体系在制订过程中，需要确保公司总体战略目标，能够有效分解成为各个阿米巴组织的经营目标；要让阿米巴组织参与内部价格的制订；要尽可能贴近企业实际，松紧适度，并随市场的变化而动态调整内部价格；要做到成本费用的全覆盖，进行有效的成本管理。

构建阿米巴内部交易价格体系，需要经过对阿米巴负责人、阿米巴关键岗位人员的逐一访谈了解，结合各阿米巴的相互沟通，确定出阿米巴内部定价和结算项目。针对不同的阿米巴内部结算事项，采用了不同的定价原则：对于公司紧缺的资源，采用高于成本价的定价方式；相对富余的资源或服务，可以低于成本价；形成了一套基于成本带有一定经营策略的阿米巴内部交易价格体系。

重点提示：

通过内部价格体系，引导各阿米巴组织合理调配资源，提高资源的使用效率与效益，从而降低阿米巴的运营和生产成本，提高市场竞争力，创造高收益。

（3）完善阿米巴有偿服务质量标准。

企业以开展内部定价和结算为契机，推动各阿米巴组织共同协商。根据业务发展的市场需求和阿米巴组织真正的服务能力，完善、明确阿米巴有偿服务质量标准。

（4）通过阿米巴内部定价，使阿米巴获得直接经济效益。

以阿米巴内部定价和结算为管理手段和切入点，进一步优化了公司内部资源配置，加强了内部资源与需求的管理，达到降低阿米巴生产经营成本、增加阿米巴收入的目的。

阿米巴有偿服务收费价格和产品加工费分别如表 4－7 和表 4－8 所示。

表 4－7 阿米巴有偿服务收费价格

阿米巴名称：

服务类别（一级）	服务类别（二级）	服务类别（三级）	服务项目编号	服务项目名称	计量单位	单价（元）
现场服务	技术服务	主管级			小时	

表 4－8 阿米巴产品加工费表

阿米巴编号	阿米巴名称	货品编号	货品名称	计量单位	产品加工费	内部收购价	报废损耗价	存货价

第八节　阿米巴内部定价之生产定价

在推行阿米巴的过程中，直接与市场对接的销售阿米巴组织的定价方式一般用市场参照法。

生产模块的定价相对复杂。生产模块在员工自主经营中处于核心位置。在制订成本目标时，一般的做法是采用标准成本核算法，用标准成本与实际成本比较，核算和分析成本差异，从而加强成本控制。但是，市场瞬息万变，价格的变化随着顾客的需求和厂家供给量而波动，一旦开始“价格战”，则一成不变的标准成本无法适应市场的灵敏性，最终导致企业连成本也无法收回。这样的核算方法在激烈的市场竞争条件下，可能会误导经营者，所以生产定价必须由成本推算法向市场参照法转变。

以“市场决定价格”的市场参照定价法作为基本的准则贯彻成本管理的始终。在此可采取价格还原成本法，即算出一个合适于该产品的成本率（或者是期望的目标利润率），然后再乘以产品的售价作为成本，即内部交易价。

在这样的成本计算方法下，成本随着市场价格而变，使得经营单元中的每位员工都有一定的危机感。在对经营单元进行独立核算的前提下，为了保证盈利，员工便会想方设法地不断降低成本、减少费用、提高生产效率。

各生产模块之间存在着上下工段或者流程关系。为了能够进行准确核算，防止工段之间生产总值结算不清，需要对每一个生产模块的原料采购和产品销售采取独立核算的方法。需要明确的是，作为独立的生产模块，其市场原料的采购不仅能在内部进行，还能够在充分分析原材料价格和质量的基础上，在公司外部进行采购。同样的，产品的销售也可以在内部和外部进行，这样可以加强竞争意识，培养经营人才。

在外部进行的销售和采购容易结算，关键是如何进行在内部采购与销售的结算。

从简化的内部工段看（如图4－6所示），工段2的生产模块需要向工段1采购，并把产品卖给工段3。在生产原料采购的时候，工段2的生产模块便成为一个“采购单元”，可以与工段1协商价格，工段1在能够保证盈利的情况下确定卖出价格。工段2买入原料之后进行生产，将生产出来的产品卖给工段3。这个时候，工段2的生产模块便成为“销售单元”，在保证盈利的情形下，以一个双方协商的价格卖给工段3。在这样的关系和计算模式下，每一个模块的收入和成本情况便能够独立核算、一目了然。

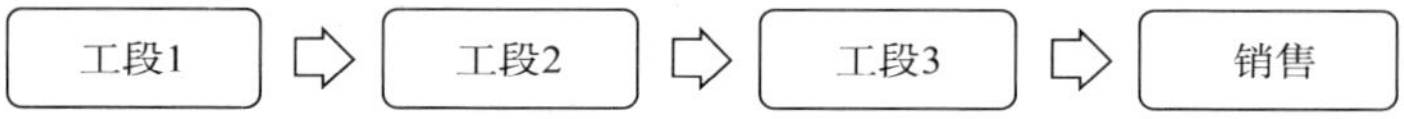

图4－6　简化的内部工段

各工段之间的交易如果有市场价格作为参考，就尽可能用市场价定价。如无市场价作为参考，则按以下步骤计算各工段的交易价格。

（1）可先估算各工段的每个品种的实际成本，详见下面的各工段成本计算。

（2）再根据每个品种的实际成本占总成本的比例，得出各工段每个品种的价格增加值。

（3）把价格增加值与前面所有工段的价格增加值求和等于本工段各品种的卖出价，即内部交易价。

各工段成本计算按以下步骤进行：

（1）确定交易品种（列表），制定相关表格。

（2）确定交易品种单位工时，制定表格和收集数据。

（3）统计总费用＝料＋工＋费＋分摊费用、产品数量、物料投放量。

（4）按工艺顺序逐一计算各品种成本价。

通过各工段的定价，可以将市场价传导到生产领域的每一工段，使生产部门的员工能以市场为导向，增强经营意识，成为真正的经营者。

在确定生产工段的定价时，我们用历史数据作为定价依据，这里的历史数据包括财务数据、工时数据、BOM（Bill of Materials，简称BOM，即物料清单，是描述企业产品组成的技术文件）数据。在阿米巴经营会计中，历史数据的收集与分析非常重要。企业开展经营就必须使经营数据成为反映经营实际状况的唯一真实材料。所有的定价也会把历史数据作为一个重要的计算依据。

实践操作：阿米巴产品定价规则

第一条 销售定价

销售的产品定价以目前公司对外销售定价为准。销售的一、二、三级巴统一按此标准执行。

第二条 工厂定价

工厂产品定价准则：成本定价。

工厂产品定价原理：

1. 原理：单价 = 采购价 + 本巴单品加工价；本巴单品加工价 = 单品总费用 ÷ 单品数量；总费用 = 料 + 工 + 费 + 分摊费用

2. 计算方法

2.1 计算单品的总费用。

2.1.1 按《费用分摊规则》的要求将所有费用分到生产三级巴得出三级巴总费用。根据总费用公式，总费用项中能对应到单品中的料、工、费进行一一对应；不能对应部分物料按 2.1.2 进行分摊，工、费和分摊按 2.1.3 进行分摊。

2.1.2 物料（包括原辅料、包材）按品种标准配方投料点金额和投料数量进行分摊。

2.1.3 三级巴内总费用不能对应部分工、费和分摊，按每个单品在巴内总工时所占比例进行分摊。

2.2 单品数量以交给下一个巴合格产品数量为准，单位以交易的最小单位为准。

2.3 计算本巴单品加工价 = 单品总费用 ÷ 单品数量。

2.4 计算单品交易价：单价 = 采购价 + 本巴单品加工价。

3. 操作步骤

3.1 进行工厂分品种分工序工时统计，根据统计数据分析各品种工时在各巴总工时的占比。

3.2 将统计汇总的巴总费用一一对应和分摊到各品种，得出各品种总费用即单品总费用。

3.3 用单品总费用除以统计汇总的对应单品的数量即可得出本巴单品加工费。

3.4 本巴单品加工费加上单品采购费用即可确定本巴单品的交易价格。

第三条　形成定价表

按上述规则进行数据统计和计算，最终形成《交易价格目录表》。

第四条　需收集的原始数据

确定为需完成的原始数据收集工作内容和负责部门、相关表格名称。

工厂负责将产品按数量匹配规则对应到工序或阿米巴。

第五条　定价计算

交易品种单位工时确定表、交易品种工时确定、交易品种料和可对应到交易品种的其他费用的金额确定、交易品种分摊费用按工序分摊表、交易价格目录表，如表 4 –9 所示。

表 4－9 某工程中心收费标准

岗位单位人数	设备的统筹管理	设备维修	设备保养	工治具管理	工治具设计	工治具电气设计	设备仪器管理	自动化规划导入	布局规划工程	定额及系统标准化控制	中心办	汇总	
	2	3	5	2	2	1	1	7	1	3	2	29.00	百分比
第一事业部	0.17	0.43	0.71	0.29	0.29	0.14	0.08	1.00	0.14	0.43	0.17	3.85	13.26%
第二事业部	0.17	0.43	0.71	0.29	0.29	0.14	0.08	1.00	0.14	0.43	0.17	3.85	13.26%
第三事业部	0.17	0.43	0.71	0.29	0.29	0.14	0.08	1.00	0.14	0.43	0.17	3.85	13.26%
第四事业部	0.17	0.43	0.71	0.29	0.29	0.14	0.08	1.00	0.14	0.43	0.17	3.85	13.26%
第五事业部	0.17	0.43	0.71	0.29	0.29	0.14	0.08	1.00	0.14	0.43	0.17	3.85	13.26%
分公司	0.17	0.43	0.71	0.29	0.29	0.14	0.08	1.00	0.14	0.43	0.17	3.85	13.26%

第五章
如何建立内部交易规则

中国式阿米巴落地实践之
从交付到交易

本章重点

⊙阿米巴内部交易规则的两大关键：权责确定、引入竞争。

⊙ 内部交易的目的具体为：利润是企业经营的永恒话题——销售额最大化、费用最小化（用最小的费用获取最大的销售额）；实现从交付到交易；互相帮助、共同进步，获取外部竞争力。

⊙阿米巴之间的内部交易是以市场价格为基础，每个节点的定价由双方通过“谈判”达成，从而被各阿米巴接受认可。

⊙阿米巴内部交易有两种类型：一种是有形的产品，一种是无形的服务。

第一节　阿米巴的内部交易规则

阿米巴内部交易定价与交易规则往往是并列生存。

阿米巴划分后，要明确界定各阿米巴的权责。在明确阿米巴权责后，对该阿米巴的主要职责、具体工作内容、完成经营活动所需要的职权、与其他阿米巴之间的工作关系和工作条件等内容进行明确的描述。

阿米巴的内部交易规则：

（1）品名、数量、单价表明清楚。

（2）日期、验收标准需要确定。

（3）损失界定、赔偿界定。

阿米巴之间一定要界定清楚交易规则，否则很难形成真正的交易。

第二节　引入竞争

在阿米巴之间实现了从交付到交易，表明企业经营已经有了非常大的进步，但是如果仅仅是进步，则是有限的，怎么办？要适当引入竞争。

引入竞争主要包括内部竞争和外部竞争。

（1）**内部竞争机制。**

经常参考外部价格和服务的方式，并要求对方超越。

尽可能制造“两个以上的供应方和销售方”。

（2）**外部竞争机制。**

你可以不买，我也可以不卖给你。

逐渐开放，对外每年递增 20%。

每个阿米巴不必完全依赖另一个阿米巴生存。

引入外部竞争的最终目标，就是让每一个阿米巴都能够不依赖另一个阿米巴而生存。当然这是比较理想的状态。要真能做到这点，这个企业一定很强大。

阿米巴相互依赖、相互依靠，这是比较好的状态。阿米巴之间的交易需要科学统筹，要符合且能执行公司战略。如果变成一盘散沙，那就不是阿米巴了。

重点提示：

引入适当竞争，确保降低成本！

第三节　阿米巴内部交易体系的构建

阿米巴经营会计是一套直接以促进经营提升为目的的会计系统，是阿米巴经营的落地工具。在“内部市场化”的运作环境下，研发、销售、生产、运输等部门都是盈利单位。

一、内部交易的基础与前提

阿米巴之间无法单独经营，只有和其他阿米巴结合起来，在更大的整体中互相支持、共存共荣，才能实现真正的阿米巴经营。各阿米巴之间的内部交易是以市场价格为基础，每个节点的定价由双方通过“谈判”达成，从而被各阿米巴接受认可。

（1）阿米巴交易是以经营会计为基础的。

（2）阿米巴单元的任何决策都要与企业的经营理念、经营方针一致。

二、产品（服务）说明书

产品（服务）说明书是阿米巴交易的契约式文件，是对阿米巴单元提供的产品、功能、质量、定价的详细说明。产品说明书包括如下主要组成部分，如表 5－1 所示：

表 5－1　产品说明书

产品名称	供方	需方	规格与功能	价格及定价原则	服务承诺	使用规程	结算时点

三、交易的标的（产品）、交易形式

用于阿米巴交换关系的标的通常为**产品、服务、契约（合同）**。

（1）以产品为标的交易：采用内部转移价格进行内部结算，建立类似于市场交易的买卖关系。常见的如产品生产过程中上下道工序（两个制造巴）的买卖关系、产品销售过程中（制造巴与销售巴）的买卖关系。该类交易通常伴随有实物转移。

（2）以服务为标的交易：通过提供服务，以收取服务费作为收入度量的关系类型。多常见于职能巴，如人事外包服务、信息设备维护服务。该类交易通常不发生实物转移。

（3）以契约为标的交易：为满足用户需求，交易双方签订契约，并以此契约条款的达成为交易的依据。常见于研发巴或职能巴，典型的交易如产品开发设计、定制化服务。例如，研发巴接受用户委托开展某种项目的研发设计。

各个阿米巴之间进行交易的形式有：

（1）职能中心与事业部之间的交易：事业部在职能中心“五定”后需要购买的个性化服务。

（2）成品阿米巴之间的交易：甲成品阿米巴接单但不具备生产能力时，可向乙成品阿米巴发出生产订单，采用“保底制造利润、倾向销售利润”的交易规则，制订不同的分配比例进行交易。

（3）成品阿米巴与部件阿米巴的交易：成品阿米巴向部件阿米巴购买，采用“BOM 价 × 利润系数”的交易规则。

（4）生产与销售的交易：成品阿米巴内部的销售阿米巴以“BOM 价 × 利润系数”的交易规则向生产阿米巴购买。

（5）车间或工段之间的交易：均采用“BOM 价 × 利润系数”的交易规则进行交易。

四、 内部交易定价原则

“定价即经营”，阿米巴交易中的关键即为如何定价。交易定价应遵循如下原则：

（1）实现共同目标的原则。

整体考虑全局利益和阿米巴组织局部利益，并使之协调一致。将企业下达的各项指标，如质量、消耗、产量、人员和费用等全部纳入内部定价的制订过程，以便内部收购价的制订，按照各阿米巴的经营目标有效分解。

（2）双方自愿接受原则。

在阿米巴交易价格制订过程中，要让各阿米巴巴长和成员参与其中，详细、深入说明内部价格制定的方法，促进员工对内部价格体系的认可和接纳。

（3）服务业务发展原则。

阿米巴组织的业务活动，有直接面向市场、有主要面向生产、有只面向管理的不同形态，阿米巴也有相应的分工。当一项结算关系涉及不同性质的部门时，一定要优先向市场倾斜，把支持业务发展放在第一位。

重点提示：

阿米巴在制订内部交易价格时，需要充分考虑市场价格的波动，根据市场变化做出动态调整。

（4）公平合理原则。

不能使某些阿米巴因内部交易价格上的缺陷而获得一些额外的收

益，以致不能正确考评各阿米巴的业绩。

（5）科学性原则。

内部定价必须在较大程度反映产品和服务的实际劳动消耗水平，企业内部交易价格对应各阿米巴的成本费用开支状况进行预计和分析。

五、服务承诺

以内部定价和结算为契机，推动各阿米巴组织共同协商。根据业务发展的市场需求和阿米巴组织真正的服务能力，完善、明确阿米巴有偿服务质量标准。

六、结算时点

收费阶段指阿米巴之间费用结算与产品交付的时间节点，通常包括预付、阶段收费、后付三种方式，也有可能出现周期总结算或返还。

第四节　阿米巴独立核算体系的构建

一、核算矩阵表的构建

（1）两个原则：销售额最大化、费用最小化。

（2）单位时间核算表的构成。

主要包括两个部分：项目（科目）和金额。项目（科目）主要包括销售额（外部销售和内部购销）、费用、时间、单位时间核算；金额主要用来表示目标与成果。

（3）规范核算管理的指标格式。

在阿米巴经营中，收支指标和资料的格式很重要，在经营上所需要的收支项目必须用谁都能理解的格式表示出来。

二、 收入核算标准的构建

（1）对外收入与内部收入。

对外收入按部门分收入项目进行会计核算，财务会计与管理会计同时处理账务，要求定期对账，账账要相符，统计定期在财务部门管理会计取数。内部收入按部门分内部结算项目进行会计核算，相对于提供服务、产品方做收入核算，相对于接受劳务、产品方做支付核算，即“内部交易支出”核算，由管理会计建立明细账，定期与统计对账，账账要相符。

（2）收入计量。

所有收入活动必须通过正式表单反映，收入用“金额”表示，计量单位为“元”，收入确认涉及数量的，要在交易凭证上同时记载数量与金额。

三、 费用核算标准构建

（1）费用责任与主体的对应。

费用按照“谁受益谁承担”的原则，企业所有费用按部门进行归集，按照费用性质分为阿米巴费用、部门费用和公司费用等；按费用消耗渠道划分为支现费用、内部交易支出费用、分摊费用等。最后，通过《内部交易结算单》反映出来。

非管控职能“能下放就下放、能剥离就剥离”。总部相关业务或业务支持职能，如采购供应、技术工艺、仓储管理等尽量下放各经营型阿米巴，以保障各经营型阿米巴主营业务的高效开展、对外部市场的快速反应。有关服务职能、部门，如会计核算、人事事务、行政后勤、物流运输等，“剥离”出来以服务型阿米巴的形式运作，以控制企业服务费用成本，抑制职能部门的官僚作风。同时，对各经营型阿米巴实行有偿服务、交易收费，达到通过共享服务实现资源的集中利用、有效降低成本的目的。

胡博士评点：

当集中的采购供应、生产制造等职能不对外经营时，亦可考虑将其定位为服务型阿米巴来运作。

（2）费用分摊。

包括办公场地、人工费用、办公用品设施、事业部费用分摊、公司费用分摊……阿米巴经营的模式决定了间接部门作为一个成本中心而没有收益，因此间接部门所发生的公共经费全部转嫁到直接部门。这时经费依据生产金额、出货金额、人数比例、使用面积、收益频率等按照比例分摊。

四、 时间核算表构建

阿米巴工时计算公式：总时间 = 正常工作时间 + 加班工作时间 + 部门公共时间 + 间接工作时间。

（1）正常工作时间。

指阿米巴开展生产经营活动过程中，在规定作息时间内直接耗用在制造或服务对象上的有效劳动时间。

（2）加班工作时间。

指阿米巴开展生产经营活动过程中，在规定作息时间外直接耗用在制造或服务对象上的有效劳动时间。

（3）部门公共时间。

阿米巴开展生产经营活动过程中，没有直接耗用在制造或服务对象上的有效劳动时间，如会议时间、集体活动时间、待工时间、搬运时间等。

（4）间接公作时间。

公司经营管理或其他职能部门的工作时间，按规定分摊给各阿米巴的工作时间。

五、明确阿米巴内部交易流程、关系

（1）梳理阿米巴内部交易流程。

图5－1为某塑胶企业阿米巴内部交易流程示意图。

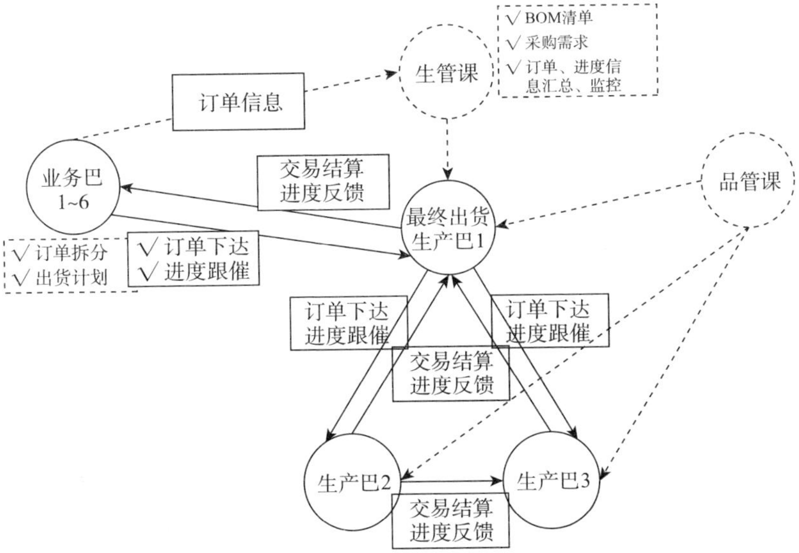

图5－1 某塑胶企业阿米巴内部交易流程示意图

注：有关生产巴作为“最终出货生产巴1”（多个），接受业务1～6巴的市场订单（换言之，业务1～6巴将订单分拆，下给相关最终出货生产巴），完成后与其进行交易结算。相应地，各生产巴下达内部生产订单给生产巴2，完成后与其进行交易结算，然后生产巴2下达内部生产订单给生产巴3，完成后与其进行交易结算（部分产品最终出货生产巴亦会直接下达订单给生产巴3）。

（2）梳理阿米巴内部交易关系。

表5－2为某塑胶企业发泡（生产）巴内部交易关系，以发泡巴为例，其经营收入与支出、内部客户与供方、相应的交易关系（不限于产品买卖交易关系）及收入与支出计算关系。

表5－2　某塑胶企业发泡（生产）巴内部交易关系

经营收入	内部客户	交易关系	计算公式
鞋材、经济/耐用型抗疲劳垫/运动垫	市场1巴	产品买卖	Σ（数量×产品内部移拨价）
经济/耐用型抗疲劳垫/运动垫/瑞织垫	加工巴	产品买卖	Σ（数量×产品内部移拨价）
……			
经营支出	**内部供方**	**交易关系**	**计算公式**
原料购入	造粒巴	产品买卖	Σ（数量×产品内部移拨价）
新品开发	技术开发巴	契约委托	Σ（数量×委托契约价）
人事外包服务	人力资源部	服务提供	Σ（数量×服务单价）

重点提示：

在工作由“交付”变成“交易”的前提下，阿米巴组织划分成各小单元后，建立各阿米巴单元间的交易规则便成了一个必不可少的任务。

第五节　建立内部交易协调管控机制

阿米巴经营需要进行制度化管理。阿米巴单元要根据市场情况不断调整自己，其诞生、分离、合并、撤销发生得较为频繁，一套控制阿米巴单元内部交易的协调管控机制必不可少。

我们通过一个案例来说明这个问题。

柏明顿所服务的一家制造型企业新成立的物流阿米巴被赋予“三大定位”“四个目标”。

“三大定位”：

一是在总部管理框架下，实施全收入全成本核算，赋予相应的责权利，提高物流阿米巴盈利能力和资源使用效率，使物流阿米巴成为利润中心。

二是通过物流阿米巴平台，进行公司物流资源的集中管理，统一产品、服务标准和质量管理体系，提升专业管理能力和服务能力，使之成为专业管理中心。

三是通过完善内部交易机制，提高物流板块对内、对外的市场化经营水平和管理水平，成为市场运作中心。

“四个目标”依次是：提升资源配置的责任意识、提升效益、降低成本、改善效率；依据实际业务特点，统一服务标准和服务流程，推动专业化管理；建立内部交易机制，提高面向客户的市场化经营和服务意识；赋予责权利，激发内生动力，增强管理团队和员工队伍的活力。

确定目标以后，该企业立即确定内部交易原则和协调管控机制。明确了五项原则，确立了基于物流阿米巴的公司协调与管控机制，厘清了物流阿米巴与总部的8个职责界面，完善了6个运行相关的保障机制。通过科学的机制设计，有效推动和保障阿米巴经营的推行。

重点提示：

阿米巴经营目标和定位已然清晰，接下来如何更好地实现从“任务导向”向“经营导向”的管理模式转变？如何简政放权、责权利下放催生发展动力？如何积累经验、改进提升？

案例

柏明顿"阿米巴"咨询项目成功案例之三

广东某电商公司经过5年的发展，已经在淘宝、天猫等平台上建立了四家相应的网店。在5年的发展中，公司一直在细分行业的电商中位居前茅，2009年曾经是淘宝平台上马赛克销售冠军。

该公司CEO有着丰富的行业经验，有很强的经营和管理意识，并且不断想办法提升公司的管理和经营水平。

（一）关键问题

（1）公司很多岗位没有明确职责，工作流程不是很清晰，没有任何关于权限的制度和文件。

（2）公司财务只有1人，虽然有统计各部门的费用，但只是零星的数据，没有对财务数据进行相应的分析。

（3）公司员工非常年轻，平均年龄在23～25岁。员工个性都很强，且不愿意受约束。

（4）老板很年轻，都是80后，很想把公司做成正规化的公司，但因为个人的管理、经营经验及学历等限制，有点力不从心。

（5）公司变化很快。人员的岗位变化快，产品变化快。

（二）原因分析

（1）公司管理基础薄弱。

这是互联网电商公司的通病。在电商快速发展的时机，公司忙于寻找发展的机会，无暇顾及管理方面的工作，也没时间去做管理方面的事情。因而管理方面没有条理性，浪费了不少的人力和物力。

（2）公司规模不大。

虽然在细分领域中做到了NO.1，但年营业额只有1.2亿元，在管理方面没有投入任何人力和精力。

（3）公司无战略体系。

发展过程中，忙于想着如何赚钱，对产品没有过多的研究，也没有对市场进行分析和规划，供应商管理全凭关系维系，因而质量问题层出不穷，退货率居高不下，公司利润因此减少。

（4）员工责任心不到位。

没有情感的维系，也没有激励的手段，造成90后员工各自为政，没有责任心，只看到自己手头的事情，不管其他部门或个人做什么和做得怎么样，当然也没有经营意识。

（三）解决方案

（1）诊断调研。

对包括总经理、店长和员工在内的25人进行了调研和访谈，充分了解到公司的现状和历史发展，并根据阅读资料及收集信息的情况，将公司的问题挖掘出来。

（2）组建阿米巴项目组织及计划。

成立阿米巴项目推进委员会，明确委员会成员及职责分工；制订阿米巴项目详细的推进计划和实施纲要，为后面的项目推进打好基础。

（四）阿米巴组织划分

该公司是以网店的形式运作的。在阿米巴经营模式导入前，组织是以店铺为单位进行设计的。一个店铺包括销售、运营、设计、推广、文案、客服等职能。按此职能，也设计了相应的岗位来承接这些职能。故在每个店铺中，有好几个下辖的单位，并且设计了不少的岗位，而每个店铺里的岗位可能都是同一类的或同性质的。不可避免地造成了相同岗位的重复设置，以及冗员的增加。

经过分析后，将组织结构重新进行了设计，并且按各种维度建立了各级阿米巴组织：

（1）划分的阿米巴组织。根据职能维度划分的阿米巴，如采购、储运、平面设计、产品设计、财务、人资。

（2）对阿米巴组织进行了资源划分。包括人员、场地（以前场地也划分过，但全是按人头分配的，有很多不合理的地方，后来按占用面积比例公摊公共场地）、设备、办公用品等。

（3）确定各巴巴长。因公司巴长不足，故有些巴暂时不考虑成巴，如采购和储运巴合并在一起。因公司规模较小，因而人资和财务也以巴的形式存在，做了相应的预算，以工作任务衡量其业绩，并在预算范围内开展工作。

（五）阿米巴费用划分

该公司的费用划分并不复杂，原因是作为一个电商公司，费用科目并不多且发生额不大也不频繁。公司原来对每个店铺都进行了费用划分，导入阿米巴系统后，只将原来不合理的规则进行修订即可。

（六）阿米巴交易定价

统计2013年全年的历史数据，按现行巴组织统计在2013年每个巴发生的费用；按现行巴组织统计在2013年每个巴全年销售的产品数量编制定价公式和交易规则：

（1）单个产品成本价 = 单个产品采购价 + 单个产品加工价。

（2）单个产品加工价 = 单个产品总费用 ÷ 单个产品总销售额。

(3) 单个产品总费用＝巴1费用＋巴2费用＋……巴N费用。

(4) 单个产品在各巴费用：巴N费用＝巴N内总费用÷巴N内总产品。

(七) 阿米巴运营实施

从试运行一个月的效果来看，能独立核算，但有些价格和费用分摊还需要进一步细化。阿米巴的激励部分与业绩指标挂钩进行直接激励。

中国式阿米巴落地实践之
从交付到交易

第六章
如何制定经营目标和费用预算

本章重点

⊙把年度经营目标做一定的分解。按月度分解、区域分解等，只有分解了才能实现。

⊙企业需要制订年度经营目标。制订年度经营目标以后，才能制订年度费用预算。

⊙企业战略目标是否能够达成，取决于集团公司及阿米巴组织成员是否清晰理解了企业的战略目标，清楚自己为战略目标实现应该做什么并努力去实施。这就需要我们能够将企业战略目标正确地分解成年度经营目标。

⊙阿米巴年度预算是指结合阿米巴单元的经营目标，通过环境分析与现况盘点，制订年度工作重点和年度计划。年度预算建立在业务计划和目标的基础上，业务计划和目标在分解后形成阿米巴单元的重点工作。

⊙经营目标也是衡量一个公司经营好坏的重要标志，反映了公司的战略及价值观取向。

年度经营目标是指公司在通过对外部环境和内部状况进行分析的基础上，根据公司发展战略和使命，明确各项经营性活动的方向及具体目标。经营目标有经济性目标（如销售额、利润等）和非经济性目标（如管理目标等）。

第一节　企业战略决定组织模式与业务形态

企业战略是企业未来一段时期在“经营哲学、经营目标、行动范围、竞争方式、资源配置、人才需求”方面的集中体现，是企业发展的指南针。

确定了企业战略之后，就需要构建适合战略的组织模式。根据战略的客观需求对组织模式不断进行动态调整优化，使阿米巴组织模式能够持续满足战略的需要。我们根据企业的战略导向和业务发展布局，优化企业与阿米巴单元的组织管控结构，推动公司组织架构的优化与调整，明确阿米巴组织架构内部责权利的关系，岗位的设置、人员编制、人事任命管理等，以保障企业战略的高效实施，确保战略目标的达成。

一、 阿米巴组织形态与战略保持高度的匹配

在《中国式阿米巴落地实践之激活组织》一书中提到，我们通过不同战略情景下的组织优化设计的目的就在于根据不同战略阶段的要素特征优化组织模式，使阿米巴组织形态与战略保持高度的匹配。

以通用电气为例，1971 年进行的战略事业单元变革，应对的是成长型环境下的激烈竞争。而 1978 年的超事业部制关注的是萧条环境下如何避免浪费和制订长期发展策略。韦尔奇时代，在“数一数二”的战略理念下，采用归核化的管理策略，将 64 个业务部门重组为 14 个。伊梅尔特时代，更加强调企业的有机增长，将公司业务整合成 4 大产业部门，使各个部门规模化、集成化地应对形势变化，提升整体竞争力。

二、 战略需求决定了阿米巴的运营机制及业务形态

每一个阿米巴单元（战略业务单元）都具有不同的业务范围，通过制订自己的战略规划，并提出达成战略目标所需投入的资源预算，经总部负责审批计划、批准预算后，再负责执行、战略实施。在执行过程中，

阿米巴单元的经营能力不是持续稳定的，而是不断变化的，可能会得到快速加强，也可能会被削弱，这取决于公司的资源分配状况。

基于战略业务单元运作的阿米巴经营管理体系有关内容之间的逻辑关系如图6－1所示：

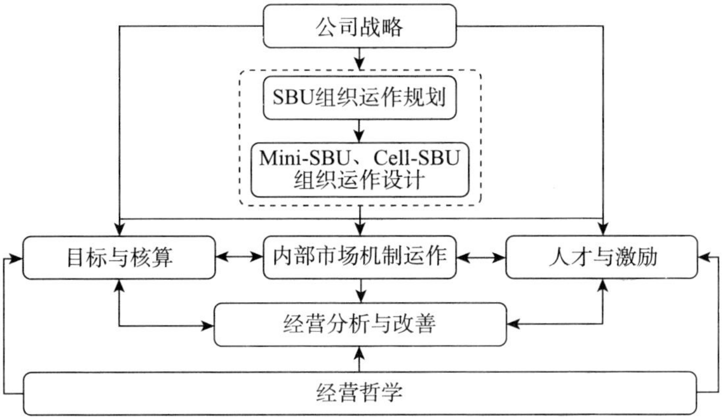

图6－1　基于战略业务单元运作的阿米巴经营管理体系有关内容之间的逻辑关系

通用电气公司将所经营的范围划分为49种，并称为战略业务单元（亦称战略性事业单位、策略性事业单位，即SBU，全称为Strategic Business Units）。

海尔公司独创性地采用了SBU经营机制，将目标、市场和分配三个基本元素整合为一种管理机制。SBU机制最终也是解决管理的“老大难”问题，即目标制订与实施、考核与薪酬、激励与改进。当然，任何一种模式都难以兼顾企业发展与员工发展，很难平衡各方利益关系，真正做到竞合和双赢。

满足战略需求是阿米巴经营模式的一大重要任务，包含了组织形态、资源配置、资金保障、人才保障等。有什么样的战略就有什么样的需求，战略不同，需求截然不同。

三、阿米巴单元的开源与成本优化

随着企业之间的竞争日益激烈，企业内开源节流，降低经营成本、提高竞争力逐渐成为管理者们谈论较多的话题。面对越来越激烈的企业竞争，企业领导者更多地关注如何开源节流，提高自身竞争力，更有效地利用现有资源、有效地拓展市场，降低管理和运营成本，以达到提高经济效益的目的。

我们从战略维度思考阿米巴单元的开源和成本优化，从图 6－2 可获得直观的认知：

开源	新业务、产品、新客户、新模式、应用客户群、订单份额、利润贡献优选
成本优化	料、工、费细分项的控制方法、良率、投入产出比、库存控制

图 6－2　阿米巴单元的开源和成本优化

开源就是增收，开辟增加阿米巴收入的途径；成本优化就是节支，节省不必要的资源消耗与费用支出。阿米巴单元通过严格控制生产成本和间接费用，以使企业的产品总成本降低到最低水平。例如，简化产品、改进设计、节约原材料、实行生产革新和自动化、降低管理费用等。

企业需要从发展战略和竞争战略的层面上考虑如何开源。通过制订发展战略增强企业竞争力，从业务流程上保证企业能以最小的成本、高质量的产品和优质的服务赢得客户。在竞争战略上，通过品类利润、产业集群、优选客户池、商业模式创新等，提升企业和阿米巴单元的盈利能力和竞争力。如图 6－3 所示。

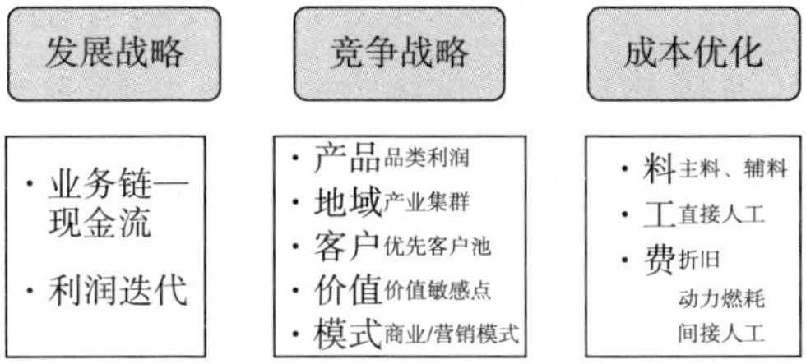

图6-3 从发展战略和竞争战略的层面上考虑如何开源

第二节 将战略目标分解成年度经营指标

企业战略目标是否能够达成，取决于集团公司及阿米巴组织成员是否清晰理解了企业的战略目标，清楚自己为战略目标实现应该做什么并努力去实施。这就需要我们能够将企业战略目标正确地分解成年度经营目标。

再伟大的战略目标若不经过层层分解，那么它永远只是一个虚无的战略。公司分解战略目标一定要本着“着眼于全局，着手于局部”的原则，把战略目标分解得有论有据，而且让企业高管和普通员工都心服口服。

一、确定企业战略目标

确定企业战略目标的第一步是对企业的现状进行分析，最常见的是进行SWOT分析。所谓SWOT分析就是分析企业与竞争对手相比较的优势（S）、劣势（W）、机会（O）、威胁（T），以及竞争对手的长处和短处，机会在什么地方，市场状况等。

然后，基于分析的结果给出一个判断。主要是考虑在这样的分析结果下，在未来的三年、五年（根据企业制订战略规划的周期长短），企业可以对内、对外做哪些变革，将内部和外部变革所能导致的结果与不变革的结果进行比较，寻找变化和差别，看这些变化和差别会不会使企业满意，使企业获得或保持持续的竞争优势。如图6－4和图6－5所示。

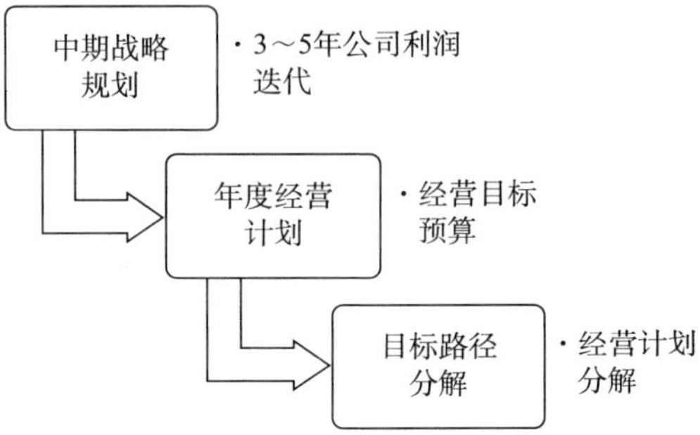

图6－4　经营计划制订的逻辑主线（一）

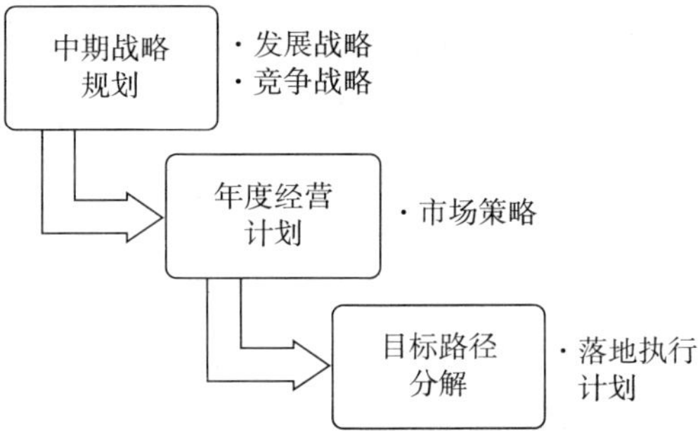

图6－5　经营计划制订的逻辑主线（二）

最后，决定是不是要变革、怎么变革，并确定变革的目标、策略、方案、路径。这些变革既包含业务层面的，又包含内部运营管理层面的。

重点提示：

任何一个企业都是先有企业战略，后有子公司战略。企业整体战略是上层建筑，各阿米巴单元子战略只是企业战略的分解者。

二、 从战略目标到经营考核指标

从战略目标到经营考核指标，是从战略到运营形成管理闭环的一个核心环节，是战略发挥导向与牵引作用的前提和基础。企业战略目标如何落地，就会通过战略目标引导到经营考核指标导向中去。一个企业在制订战略目标时最重要的决策是企业在市场上的相对地位，它常常反映了企业的竞争地位。企业所预期达到的市场地位应该是最优的市场份额，而如何驱动阿米巴组织中的每一个人去实现这一目标，就需要通过经营绩效考核指标来传递。

经营业绩考核指标必须与企业战略目标一致。在经营考核指标的拟定过程中，首先应将企业的战略目标层层传递和分解，这个分解既有纵向的分解，也有横向的分解，还需要有时间维度的分解。它既是战略目标的分解，也是经营考核指标的分解，最终会成为各个岗位的关键绩效指标（KPI），从而使阿米巴组织中每个职位被赋予对应的战略责任，使每个阿米巴员工承担起各自的岗位职责。如图 6 –6 所示。

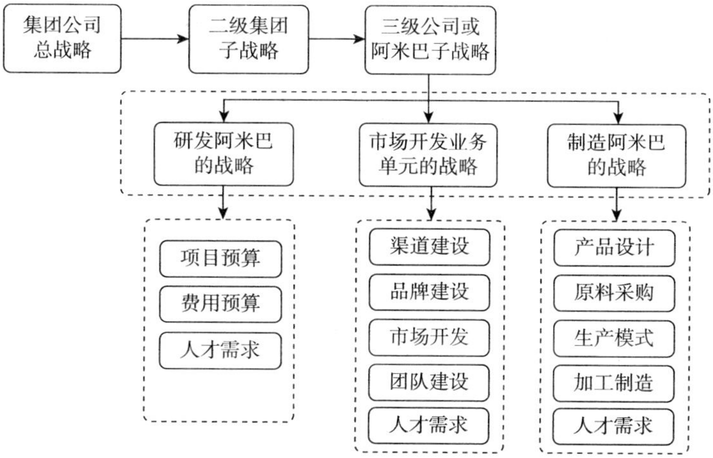

图 6 –6　企业战略目标层层传递和分解

胡博士评点：

经营考核是战略目标实施的有效驱动工具。经营考核指标应围绕战略目标逐层分解而不应与战略目标的实施脱节。只有当阿米巴员工努力的行动方向与组织战略目标一致时，企业整体的经营业绩和指标才可能促使战略目标达成。

三、 阿米巴单元战略目标与经营考核指标的关联度

阿米巴单元运作的核心在于内部市场链的建立，与经营考核指标紧密挂钩。但由于各阿米巴单元自身发展具有不平衡性，在公司战略中所处地位各异并由此导致它们有不同的绩效表现形式。

阿米巴单元子战略目标是企业年度经营业绩考核指标的主要来源。阿米巴单元子战略目标通过年度的纵向分解，形成了各业务单元（阿米巴单元）的年度经营目标，以此构成各阿米巴单元负责人《年度经营绩效合同》。可见，企业战略目标分解到各阿米巴单元，便形成各阿米巴单元子战略目标，阿米巴单元子战略目标沿时间维度的分解便构成了企业年度经营业绩考核指标。

经营考核是战略目标实施的有效驱动工具，只有当员工努力的行动方向与组织战略目标一致时，企业整体的经营业绩和指标才可能促使战略目标达成。

第三节 如何制定年度经营目标

年度经营目标是从企业的长期战略目标出发，在分析企业外部环境

和内部条件的基础上所制订的公司下一年度各种经营活动所要取得的结果。年度经营目标是企业经营思想的具体化。

企业年度经营目标是企业发展战略的具体体现。许多企业在谈到年度经营目标时只是想到销售额要达到多少、利润要达到多少。在我们的企业年度经营目标里不仅仅包括产品发展目标、市场竞争目标，还包括社会贡献目标、职工待遇福利目标、员工素质能力发展目标等。

自检

你公司的年度经营目标分解一般按哪几个维度进行？

企业制订年度经营目标主要有如下步骤和方法：

（1）进行战略梳理、战略分析及战略规划。

年度经营目标是战略规划中的里程碑，又是经营绩效的一个考核指标。因此年度经营目标的设定既要考虑战略方向，又要考虑现实的可行性和具体性。明确行业未来发展趋势、竞争对手动态以确定3~5年战略目标规划，在此基础上再制订年度经营目标，如图6-7、图6-8所示。

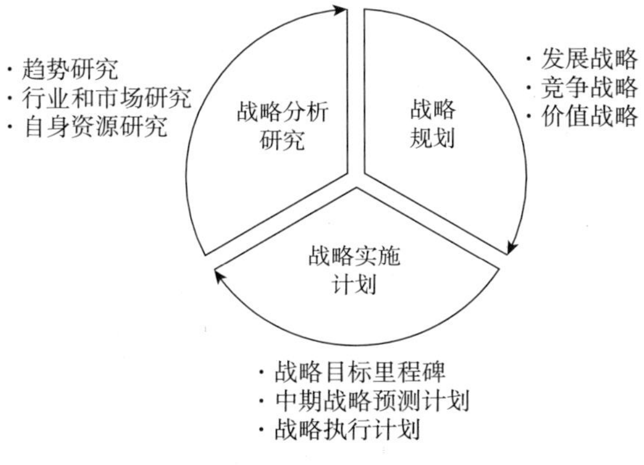

图6-7　年度经营目标（一）

图6-8　年度经营目标（二）

某公司是一家精密塑料制造企业，为应对激烈的市场竞争，重新梳理和规划了业务战略：大力发展工程塑料业务、充分关注模具与注塑业务、稳定高端风叶业务并择机进入二、三线空调厂商阵营。有关竞争维度的战略思考，如表6-1所示：

表6-1　有关竞争维度的战略思考

	风叶业务	工程塑料业务	模具及注塑业务
何处竞争	向二、三线空调厂商扩张	向外地风叶公司扩张	逐渐以注塑业务带动模具发展，并朝精密模具方向发展
如何竞争	进一步巩固高端品牌定位，加强关键技术能力，重点提升和产效率和成本控制能力	加强研发和工艺设计能力，提升产品质量和成本控制能力	加强业务开拓能力和精密模具设计制造能力
何时竞争	适时进入二、三空调厂商：首先稳定高端市场份额（近期核心业务），在保证工程塑料和注塑业务资金投入的基础上，选择时机开拓二、三线空调厂商——先针对二、三线空调厂商打入部分高端产品，保持风叶的高品质	优先发展工程塑料业务：此业务的发展能够带来较高的价值创造和业务协同效应——能够为风叶和注塑业务的发展提供支持，且经过多年的积累，目前在技术研发和产能上已具备一定的基础，因此，应优先、快速发展工程塑料业务，要在人力和财力上做大量投资	充分关注注塑业务：模具业务的进一步发展需要较大的资金投入，且为公司带来的直接经济价值不大。而注塑业务发展好可带来较高的价值，由于模具的注塑是联动的业务，因此，应对二者进行充分关注，加大注塑件业务开拓的力度，通过注塑件带动模具发展

注：此企业（当时）主要有风叶、模具与注塑、工程塑料等三大块关联业务，其中，风叶业务贡献了85%以上的销售额，占据绝对优势地位。

（2）结合行业环境、竞争对手和自身产品的市场处境进行综合评估选取最关键因素。

回到企业本身进行SWOT分析，制订阶段性的重点经营目标，如各年度预计销售增长率、股东回报率、品牌提升的目标、产品研发的目标等。

（3）确定公司总的目标。

包括经营性目标：公司销售目标、利润目标、客户开发数量、区域市场份额占比等；非经营性目标：员工发展目标、团队建设目标、组织管理提升目标、社会责任目标等。

（4）对公司目标进行相应分解。

按时间进行分解，即把一周期内的经营目标分解到每个小周期内（如每月、每周甚至每天）；按组织分解，即把总的经营目标分解到不同的组织或个人（每一个区域、每一个团队、每一个人等），如企业根据市场竞争与内部资源，下达企业年度目标，各个一级阿米巴提出年度目标。

年度经营目标分解，一般可按相应的维度进行，如按区域维度、按时间维度、按产品维度、按客户维度等。这是目标进一步细化的过程，如表6－2和表6－3所示：

表6－2 年度经营目标分解

年度经营目标分解				
按月度分解				
按区域分解				
按客户分解				
按产品分解				
按品牌分解				

续表

年度经营目标分解				
按工段分解				
按车间分解				
按业务员分解				

表 6－3　××公司的业务目标分解表

产品	1月	2月	3月	4月	5月	6月	7月	8月	9月	10月	11月	12月	合计	负责人
产品A														
产品B														
产品C														
产品D														
产品E														
产品F														
总计														

（5）确定目标责任人。

任何一个经营性目标都必须有相应的人对目标负责，也是经营性目标达成的必要保证。

（6）确定目标达成日期。

时间要求是经营性目标达成的限制点。有了时间上的明确要求，经营性目标便可以落实到具体的事项和时间上。

（7）目标达成需要的资源支持。

目标的达成需要人、财、物的充分保障。有相应的资源配置和支持，才能有效地达成经营性目标。

（8）经营性目标达成的激励。

有效的激励手段能很好地促进目标的达成及目标效果的彰显。对负责目标的团队或个人，需要在目标明确后，配套相应的激励机制（精神激励和物质激励）。

第四节 如何确保实现年度经营目标

年度经营目标的确定必须符合市场客观需求，以市场预测为基础，包括产品市场、劳务市场和资本市场，并且以市场为基础，考虑行业权益利润率平均水平，在充分挖潜的前提下确定预算目标。

明确年度经营目标之后，阿米巴单元就要承担起实现年度经营目标的责任。

第一，明确实现经营目标的条件，论证其可行性。具体做法是指导各阿米巴单元制订年度计划，明确实施策略，特别是所需公司资源和其他部门的协助，经过整合预测。通过阿米巴单元的参与和承诺，制订企业的年度经营目标就有了坚实的基础。

第二，有效的经营目标最好依据“自下而上”和“自上而下”相结合的原则。“自下而上”即由各阿米巴单元根据历史数据分析（业务变化和增长规律）和新的增长点（产品、客户、区域等）形成每个单元的业务目标；“自上而下”即由公司根据战略发展需要，制订公司的宏观目标。“自下而上”和“自上而下”相结合的原则也就是公司和各阿米巴单元协商沟通的过程。这样得出来的目标既符合公司的战略发展，也符合员工的意愿和能力范围，可行性非常强。

第三，确定年度经营目标之后，就要讨论各个阿米巴单元的年度经营计划，包括资产负债表、损益表、现金流量表、工资预算、费用预算（分解到月或产品、地区）、组织架构、人员编制等。通过制订年度计划，按月或日进行核算管理。企业通过“联欢会”表扬大家，分享完成目标的喜悦，反复开展后，创造出完成年度经营计划的巨大能量。

图6－9是年度经营计划制订步骤：

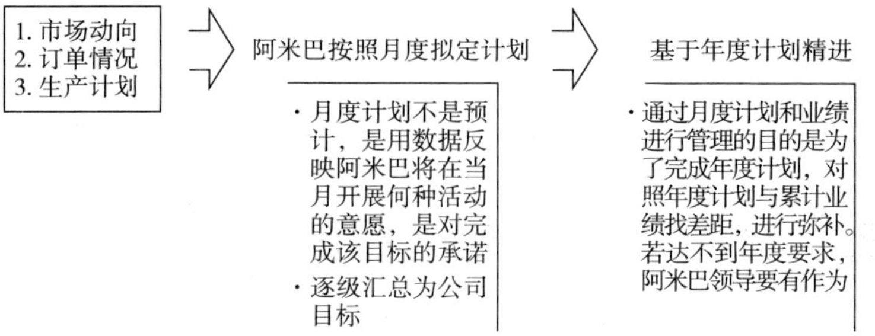

图6－9　年度经营计划制订步骤

第四，阿米巴的业绩管理。在开展阿米巴经营的过程中，需要有能够准确掌握实际业务数据的统一管理机制和方法。如图6－10、图6－11、图6－12和表6－3所示：

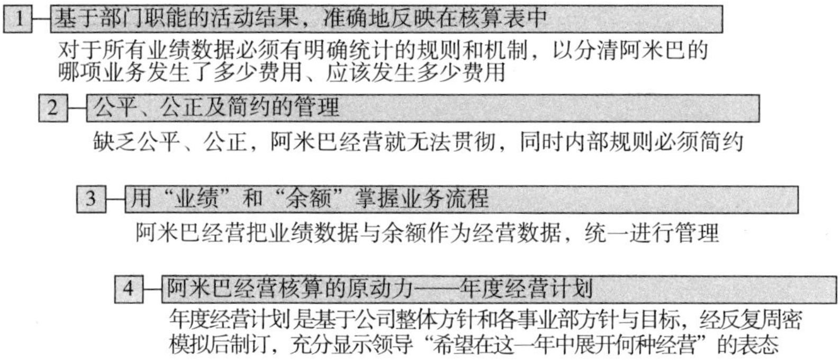

图6－10　阿米巴的业绩管理（一）

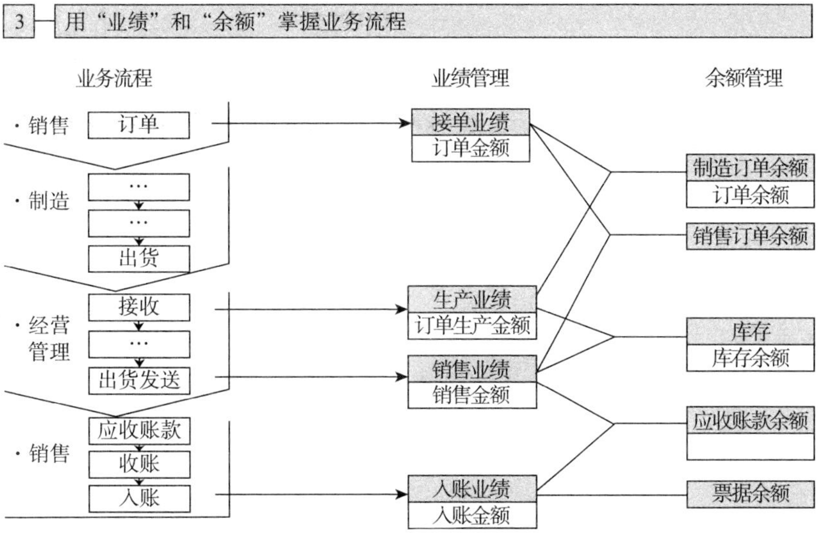

图 6－11　阿米巴的业绩管理（二）

3　用“业绩”和“余额”掌握业务流程

掌控阿米巴核算的机制——掌控收入、经费开支、时间的方法

收入的掌控方法 —与市场价格挂钩	经费开支的掌控方法 —把握经营现状，进行精细化管理	时间的掌控方法 —关注部门总时间
· “售价—成本=利润” · 生产方式 订单生产方式 库存销售方式 公司内部购销 · 实践产销一体化的经营模式	· 在采购时计入经费 · 由收益者来负担与生产活动和销售活动直接相关的费用，以及间接部门的公共经费 · 领导掌握单位时间人员的平均劳务费 · 细化经费—领导必须准确掌握经费状况	· 总时间—员工一个月的正常工作时间、加班时间、部门公共时间、间接公共时间 · 每天必须先把前一天的时间业绩和月初以来的累计业绩反馈给每一位员工，以使其掌握总时间 · 临时工的聘用，必须书面上报审批

图 6－12　阿米巴的业绩管理（三）

表6-3　年度经营计划及预算管理流程表

编号	操作步骤	操作说明	时间节点	实用工具
1	提出经营目标	在正常的情况下，年度经营计划应依据实业的战略规划进行编制，年度目标应从3~5年战略规划的目标分解而来		《年度经营目标》
2	年度规划	根据已确定的战略规划进行年度经营目标规划，前年度与上年度经营实际状况，预测本年度计划的各种可能情况下，进行公司年度发展规划		《年度经营规划》
3	目标分解	根据战略规划和年度经营规划拟定《阿米巴战略目标实施表》，将下年度公司经营目标细化分解，制订相应指导性措施，将战略指标责任落实到各阿米巴，将草案下发到各阿米巴征求意见		《年度经营计划编制说明书》
4	经营计划制订	各阿米巴单元依据年度经营计划指导书相关要求制订各自的经营计划送总经办		
5	经营计划汇总编制	集团公司适时与各阿米巴协调联系，综合、评估各分项计划并视需要开会研讨，编成本年度经营计划。年度经营计划和预算草案完成后，报总经理和管理委员会审查		《年度经营计划纲要》
6	讨论、审核	集团总部组织召开年度经营计划讨论会，集团负责人、各阿米巴负责人列席会议，各阿米巴对计划的全面性、可行性提出异议，对经营计划进行进一步修订与核定		《年度经营计划》
7	阿米巴工作计划	集团总部及时将公司年度经营计划整理、打印、下发，人力资源部门根据各部门年度经营计划制订季度考核标准，报分管副总及总经办备案。阿米巴委员会负责监督经营计划执行		《阿米巴年度经营计划表》
8	经营监控	1. 总经办每月对公司年度经营计划完成情况进行稽核落实，报总经理进行日常管理决策 2. 人力资源部进行考核和绩效分析 3. 总经理每季度对年度经营计划进行一次检讨、诊断，由各阿米巴将目标的完成情况、存在问题、改进措施等整理成工作小结报总经办。总经办进行综合分析，形成诊断报告，报总经理审批，对部分目标进行调整		

第五节　阿米巴费用预算

阿米巴费用预算是指阿米巴组织为费用支出成本而做的成本预算。一般事先做好计划，然后严格按预算执行，如果有超出，则需要按特别的流程进行审批。事后对预算和执行情况进行对比研究分析，为下一预算提供科学依据。

阿米巴费用预算要结合各个部门、各个岗位综合考量，不可盲目预算，需要估算的如人力资源成本、办公损耗成本、物流成本、市场成本、品牌成本等。

我们通过表6－4来说明阿米巴费用预算。

表6－4　阿米巴费用预算

1. 主营业务收入					
	减：主营业务成本	材料成本			
		直接人工			
		制造费用	间接人工		
			折旧费用		
			动力费用		
			其他制造费用		
	减：主营业务税金及附加				
2. 主营业务利润					
3. 内部交易利润＋其他业务利润＋营业外收入					
4. 未分摊总部费用前利润					
	减：总部费用分摊				
5. 利润总额					
	减：所得税				
6. 净利润					

在表6－4中，费用预算分为六项：主营业务收入、主营业务利润、其他利润、未分摊总部费用前利润、利润总额、净利润等。

在“主营业务收入”项目里，一级菜单有主营业务成本，二级菜单有材料成本、直接人工、制造费用。制造费用又转化为三级科目，有间接人工、折旧费用、动力费用、其他制造费用。

通过财务把科目明细之后，费用预算才能做得更准确。

第六节　阿米巴年度预算的编制

阿米巴年度预算是指结合阿米巴单元的经营目标，通过环境分析与现况盘点，制订年度工作重点和年度计划。年度预算建立在业务计划和目标的基础上，在业务计划和目标在分解后形成阿米巴单元的重点工作。

阿米巴年度预算目标各指标的指标值应当具有挑战性，并且必须保证企业及其各阿米巴单元经过努力可以实现。如果预算目标遥不可及，就会失去目标的激励作用。因此，预算目标设定要以战略目标为依据，同时结合年度经营计划进程合理确定年度经营任务，将企业发展战略和各阿米巴单位实际情况融入预算管理体系，并构成预算考评体系的标准之一。

图6－13为阿米巴年度预算的总体步骤。

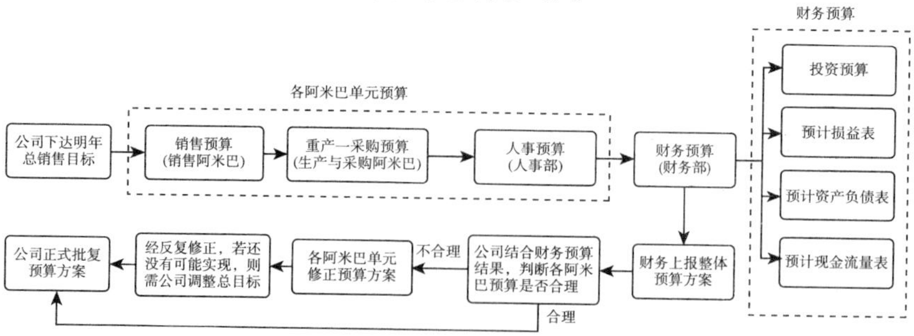

图6－13　阿米巴年度预算的总体步骤

自检

在工作中，您是否遇到过以下问题：

（1）预算在企业的经营活动中有着什么样的重要性？

（2）怎样把企业的经营目标转化成执行者操作的依据？

（3）怎样才能准确地编制预算？

（4）如何编制阿米巴的预算才能避免成本超支？

一、阿米巴的年度预算编制的目的

阿米巴组织通过预算过程可以细化和量化战略目标，更好地规划未来；通过预算的过程控制及预算执行分析，寻找实际经营活动与预算的差距，可以迅速地发现问题并及时采取相应的解决措施；通过预算过程，使阿米巴管理层必须认真考虑完成经营目标所需的方法和途径，并对市场可能出现的变化做好准备，促进公司各类资源的有效配置；通过预算过程，使阿米巴组织成员具有利润意识及成本意识，培养充分利用资源的态度。

二、阿米巴年度预算的起点和内容

阿米巴年度预算一般包括两大部分：战略落地和年度经营计划。我们辅导过的大多数企业都忽视了战略落地，有些企业根本没有形成正式的战略规划。有的企业制订的年度预算也只是做了年度的财务数据预算，没有将重大项目落实到行动计划，不利于获得精准的资金预算，不利于上下同心，不利于保障目标的实现。

将年度预算做到位必须有行动计划，行动计划是按以下路径形成的：

（1）战略规划—目标体系—OGSM—行动计划。

战略目标体系包括：财务目标、客户目标、内部流程目标、学习成长目标。由战略规划而来，根据战略规划形成的策略按 OGSM（计划与执行管理工具）进行分解产生行动计划和费用预算。

（2）年度计划—改善项目—行动计划。

年度经营计划是由明年想“赚多少钱”（利润）而来。由此推算出销售额，再进行销量和价格的匹配，从而形成生产计划、投资计划、改进项目计划。

在做战略目标和年度经营计划前需要做回顾：公司的优势、劣势、机会、风险、定位、客户、产品、模式、目标、组织。

三、 提炼重点工作为费用预算做准备

支撑业务目标达成的基本层，一般来说有三种类型的重点工作：第一类是战略型重点工作。此类工作根据公司的战略形成，是公司发展必不可少和各阿米巴单元重点达成的工作。第二类工作是改善类工作。此类工作是在过往经营管理中未完成好或未达成，需要进一步提升的工作。此类工作的设计有助于业绩的增长和效率的提高。第三类是日常性工作。此类工作一般是惯例性的。重点工作的提炼为费用预算做准备，每项重点工作的花费的汇总就是预算。在此过程中，要注意费用科目的设计。

四、 阿米巴年度预算的产出和工具

最终的行动计划（最好到月）应包括：

（1）客户需求提升计划及举措。

（2）市场营销计划及举措。

（3）新产品开发计划及举措。

（4）生产计划及举措。

（5）质量提升计划及举措。

（6）资产采购计划及举措。

（7）人力资源计划及举措。

（8）团队提升计划及举措。

具体到阿米巴组织时，每个巴都有以上行动计划，只是各自的侧重点不一样。

最终预算的经营数据体系应包括：

（1）预计利润表→阿米巴的经营报表。

（2）预计现金流量表（由财务编制）→阿米巴年度资金预算表。

（3）预计资产负债表→阿米巴资产负债表（视阿米巴层级而定）。

（4）投资预算→阿米巴投资项目预算表。

（5）筹资预算。

通过上述预算的编制，每个阿米巴巴长都能全面了解和掌握本巴情况，为真正成为一个经营者打下牢固的基础。

经营预测的步骤分解，我们从图6－14可获得直观的认知：

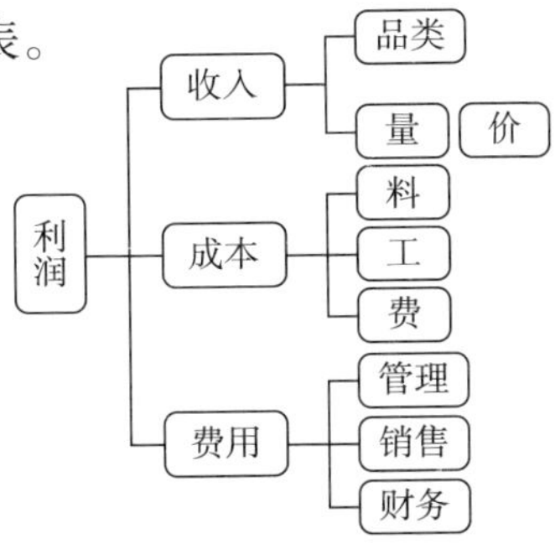

图6－14　经营预测的步骤分解

柏明顿实践操作

生产阿米巴费用预算表如表6－5、表6－6所示。

表6－5　工厂一级阿米巴费用预算表

单位：元　　　　　　　　　　　　　　　　　　　　　　　　日期：

序	项目	科目明细	预算金额	备注
1	分摊费用	总办费－董事会费		
2		总办费－办公费		
3		总办费－差旅费		
4		总办费－咨询费		
5		总办费－招待费		
6		总办费－评估费		
7		总办费－审计费		
8		总办费－教育经费		
9		累计摊销		
10		办公费		
11		水电费		
12		固定资产折旧		
13		租赁费		
14		差旅费		
15		业务招待费		
16		汽车费用		
17		教育经费		
18		印花税		
19		房产税		
20		土地使用税		
21		河道费		
22		其他		
23		安保服务费		

续表

序	项目	科目明细	预算金额	备注
1	本巴费用	原材料		
2		水费		
3		电费		
4		燃料		
5		取暖费		
6		生产用物料		
7		修理维护费		
8		制版费		
9		劳保用品		
10		保洁用品		
11		仓储运杂费		
12		办公费		
13		差旅费		
14		产品检验费		
15		汽车费用		
16		改造支出		
17		环保费用		
18		其他收入		
19		资产减值损失		
20		其他		
21		固定资产利息		
22		库存利息		
23		低值易耗品摊销		
24		折旧费		
25		租赁费		
合计				

表 6 – 6　某车间阿米巴费用预算表

单位：元　　　　　　　　　　　　　　　　　　　　　　　　　日期：

序	项目	科目明细	预算金额	备注
1	分摊费用	总办费 – 董事会费		
2		总办费 – 办公费		
3		总办费 – 差旅费		
4		总办费 – 咨询费		
5		总办费 – 招待费		
6		总办费 – 评估费		
7		总办费 – 审计费		
8		总办费 – 教育经费		
9		累计摊销		
10		办公费		
11		水电费		
12		固定资产折旧		
13		租赁费		
14		差旅费		
15		业务招待费		
16		汽车费用		
17		教育经费		
18		印花税		
19		房产税		
20		土地使用税		
21		河道费		
22		其他		
23		安保服务费		
1	本巴费用	原材料		
2		水费		
3		电费		
4		燃料		
5		取暖费		
6		生产用物料		

续表

序	项目	科目明细	预算金额	备注
7		修理维护费		
8		制版费		
9		劳保用品		
10		保洁用品		
11		仓储运杂费		
12		办公费		
13		差旅费		
14		产品检验费		
15		汽车费用		
16		改造支出		
17		环保费用		
18		其他收入		
19		资产减值损失		
20		其他		
21		固定资产利息		
22		库存利息		
23		低值易耗品摊销		
24		折旧费		
25		租赁费		
合计				

营销阿米巴费用预算如表6－7、表6－8、表6－9所示。

表6－7　一级阿米巴费用预算表

单位：元　　　　　　　　　　　　　　　　　　　　日期：

序	项目	科目明细	预算金额	备注
1	分摊费用	总办费－董事会费		
2		总办费－办公费		
3		总办费－差旅费		
4		总办费－咨询费		
5		总办费－招待费		

续表

序	项目	科目明细	预算金额	备注
6		总办费－审计费		
7		办公费		
8		水电费		
9		固定资产折旧		
10		租赁费		
11		差旅费		
12		业务招待费		
13		汽车费用		
14		教育经费		
15		印花税		
16		土地使用税		
1	本巴费用	门店费		
2		宣传制作费		
3		广告费		
4		固定资产		
5		低值易耗品		
6		水电费		
7		房租		
8		网费		
9		电话费		
10		基础维修费		
11		差旅费		
12		汽车费用		
合计				

表6－8　二级阿米巴费用预算表

单位：元　　日期：

序	项目	科目明细	预算金额	备注
1	间接费用（分摊费用）	总办费－董事会费		
2		总办费－办公费		

续表

序	项目	科目明细	预算金额	备注
3		总办费－差旅费		
4		总办费－咨询费		
5		总办费－招待费		
7		总办费－审计费		
9		累计摊销		
10		办公费		
11		水电费		
12		固定资产折旧		
13		租赁费		
14		差旅费		
15		业务招待费		
16		汽车费用		
17		教育经费		
18		印花税		
20		土地使用税		
1	直接费用（本巴费用）	产品配送费（车辆运费）		
2		门店费（促销品费用）		
3		宣传制作费（宣传品费用）		
4		门店费（特殊陈列投入费用）		
5		门店费（合同内费用）		
合计				

表6－9　三级阿米巴费用预算表

单位：元　　　　　　　　　　　　　　日期：

序	项目	科目明细	预算金额	备注
1	间接费用（分摊费用）	总办费－董事会费		
2		总办费－办公费		
3		总办费－差旅费		
4		总办费－咨询费		
5		总办费－招待费		

续表

序	项目	科目明细	预算金额	备注
6		总办费－评估费		
7		总办费－审计费		
8		总办费－教育经费		
9		累计摊销		
10		办公费		
11		水电费		
12		固定资产折旧		
13		租赁费		
14		差旅费		
15		业务招待费		
16		汽车费用		
17		教育经费		
18		印花税		
19		房产税		
20		土地使用税		
5		产品配送费（车辆运费）		
6		门店费（促销品费用）		
7		宣传制作费（宣传品费用）		
8		门店费（特殊陈列投入费用）		
9		门店费（合同内费用）		
合计				

阿米巴年度收入与分解如表6－10、表6－11、表6－12所示。

表6－10　生产巴年度收入与分解

序	业务项目	业务目标	完成时间	1月	2月	3月	4月	5月	6月	7月	8月	9月	10月	11月	12月	责任人	需要资源	备注
1	产值																销售部	
2	产能																原料、巴成员、基础设备设施	
3	总办费－董事会费																财务部	
4	总办费－办公费																财务部	
5	总办费－差旅费																财务部	
6	总办费－咨询费																财务部	
7	总办费－招待费																财务部	
8	总办费－评估费																财务部	
9	总办费－审计费																财务部	
10	总办费－教育经费																财务部	
11	累计摊销																财务部	
12	办公费																财务部	
13	水电费																财务部	
14	固定资产折旧																财务部、设备工程部	
15	租赁费																财务部	
16	差旅费																财务部	
17	业务招待费																财务部	

续表

序	业务项目	业务目标	完成时间	1月	2月	3月	4月	5月	6月	7月	8月	9月	10月	11月	12月	责任人	需要资源	备注
18	汽车费用																财务部	
19	教育经费																财务部	
20	印花税																财务部	
21	房产税																财务部	
22	土地使用税																财务部	
23	河道费																财务部	
24	其他																财务部	
25	安保服务费																人力资源部、财务部	
26	原材料																采购部	
27	水费																财务部	
28	电费																财务部	
29	燃料																财务部	
30	取暖费																财务部	
31	生产用物料																财务部	
32	修理维护费																汽车、财务部	
33	制版费																设备工程部、财务部	

续表

序	业务项目	业务目标	完成时间	1月	2月	3月	4月	5月	6月	7月	8月	9月	10月	11月	12月	责任人	需要资源	备注
34	劳保用品																设备工程部、财务部	
35	保洁用品																采购部	
36	仓储运杂费																财务部	
37	办公费																财务部	
38	差旅费																财务部	
39	产品检验费																财务部	
40	汽车费用																财务部	
41	改造支出																财务部、设备工程部	
42	环保费用																财务部、设备工程部	
43	其他收入																财务部	
44	资产减值损失																财务部	
45	其他																财务部	
46	固定资产利息																财务部	
47	库存利息																财务部	
48	低值易耗品摊销																财务部	

续表

序	业务项目	业务目标	完成时间	1月	2月	3月	4月	5月	6月	7月	8月	9月	10月	11月	12月	责任人	需要资源	备注
49	折旧费																财务部、设备工程部	
50	租赁费																财务部	
51	人力成本																人力资源部、财务部	
合计																		

表 6－11 营销阿米巴年度收入与分解

序	二级科目	科目编码	业务项目	业务目标	完成目标	年目标分解												责任人	需要资源	备注
						1 月	2 月	3 月	4 月	5 月	6 月	7 月	8 月	9 月	10 月	11 月	12 月			
1			业绩成长																	
2	工资		工资																	
3	产品配送费		物流费用																	
4	门店费		门店费																	
5	宣传制作费		宣传制作费																	
6	广告费		广告费																	
7	固定资产折旧		固定资产																	
8	低值易耗品摊销		低值易耗品																	
9	水电费		水电费																	
10	房租费		房租																	
11	办公费		网费																	
12	办公费		电话费																	
13	办公费		基础维修费																	
14	差旅费		差旅费																	
15	汽车费用		汽车费用																	
合计																				

表 6－12　年度直接、间接人力需求预测表

中心/部门	科室	类别	职务名称	当前人数	预计人数	年各月份增减人数												预计人数	人员增加、减少原因说明
						1月	2月	3月	4月	5月	6月	7月	8月	9月	10月	11月	12月		
第一事业部	总经办	间接人员	总经理																
			人事专员																
			行政专员																
			助理会计师																
	采购科	间接人员	科长																
			采购工程师																
			采购专员																
	销售部	间接人员	营销经理																
			业务代表																
			业务助理																
	工程中心	间接人员	总监																
			科长																
			高级工程师																
			工程师																
			助理工程师																
			技术员																
			项目经理																
			项目工程师																

续表

中心/部门	科室	类别	职务名称	当前人数	预计人数	年各月份增减人数												预计人数	人员增加、减少原因说明
						1月	2月	3月	4月	5月	6月	7月	8月	9月	10月	11月	12月		
第一事业部	制造办公室	间接人员	总监																
			部长																
			科长																
			夜班主管																
			助理																
	产品工程科	直接人员	维修技术员																
			治具管理员																
			锅炉工																
		间接人员	科长																
			高级工程师																
			工程师																
			IE 技术员																
	综合管理科	直接人员	账务员																
			组长																
			仓管员																
			物料员																
		间接人员	科长																
			计划员																

续表

中心/部门	科室	类别	职务名称	当前人数	预计人数	年各月份增减人数												预计人数	人员增加、减少原因说明
						1月	2月	3月	4月	5月	6月	7月	8月	9月	10月	11月	12月		
第一事业部	品管部	直接人员	检验员																
			质控员																
			煲机作业员																
			部长																
		间接人员	工程师																
			技术员																
	制造一科	直接人员	作业员																
			生产拉长																
		间接人员	科长																
			统计员																
	制造二科	直接人员	作业员																
			生产拉长																
		间接人员	科长																
			统计员																
	制造三科	直接人员	作业员																
			生产拉长																
		间接人员	科长																
			统计员																

续表

中心/部门	科室	类别	职务名称	当前人数	预计人数	年各月份增减人数												预计人数	人员增加、减少原因说明
						1月	2月	3月	4月	5月	6月	7月	8月	9月	10月	11月	12月		
直接人员需求汇总																			
间接人员需求汇总																			
合计																			
说明	直接人员	制造单位:作业员、副拉长、拉长、领班、物料员、维修技术员 资材中心:组长、账务员、物料稽核专员、叉车司机、仓管员 质量中心:检验员、质控员 工模、五金、注塑:初级技工、中级技工、高级技工																	
	间接人员	除直接人员以外的所有岗位																	

表6-13为年度各月损益表。

表6-13 年度各月损益表

项目	行资	填列说明	1月	2月	3月	4月	5月	6月	7月	8月	9月	10月	11月	12月	年度累计数	2016年累计数占营收比例	2015年累计数占营收比例	2016年较2015年占营收比差异
一、主营业务收入	01	预测营业额,来源于销售预测																
减:主营业务成本	02	按第一事业部最新预算、半成品内部交易价格、材料移动平均价格、BOM用量等计算																

续表

项目	行资	填列说明	1月	2月	3月	4月	5月	6月	7月	8月	9月	10月	11月	12月	年度累计数	2016年累计数占营收比例	2015年累计数占营收比例	2016年较2015年占营收比差异
其中:材料成本		包含五金、注塑、高频、引线、SMT等第一事业部从消费电源采购的半成品,BOM用量核算																
直接人工		第一事业部制造车间的产品工艺路线、预算直接人工小时费率核算																
制造费用		第一事业部制造车间的产品工艺路线、预算小时费率核算。包含间接人工、折旧费用、动力费用、其他制造费用等																
其中:间接人工		制造办公室,制一、制二、制三,品管,管理人员和辅助人员,技术人员工资																
折旧费用		制造办公室,制一、制二、制三,品管折旧费																
动力费用		制造办公室,制一、制二、制三,品管水电费																

续表

项目	行资	填列说明	1月	2月	3月	4月	5月	6月	7月	8月	9月	10月	11月	12月	年度累计数	2016年累计数占营收比例	2015年累计数占营收比例	2016年较2015年占营收比差异
其他制造费用		制一、制二、制三（除直接、间接、折旧、水电费以外的）费用和制造办公室、品管（除间接、折旧、水电费以外的）费用																
委外费用																		
主营业务税金及附加	03	集团统一做再分摊到巴																
二、主营业务利润	04	=01－02－03																
加：分入利润	05																	
减：分出利润	06																	
三、内部交易利润	07	=04＋05－06																
加：其他业务收入	08																	
减：其他业务成本	09																	

续表

项目	行资	填列说明	1月	2月	3月	4月	5月	6月	7月	8月	9月	10月	11月	12月	年度累计数	2016年累计数占营收比例	2015年累计数占营收比例	2016年较2015年占营收比差异
四、其他业务利润	10	=07+05-06																
减:营业费用	11	销售部成本中心费用预算																
管理费用	12	总经办+工程中心费用预算																
财务费用	13																	
资产减值损失	14																	
加:公允价值变动收益	15																	
投资收益	16																	
五、营业利润	17	=10-11-12-13-14+15+16																
加:营业外收入	18	盘盈																
减:营业外支出	19	第一事业部资产报废损失、盘亏																
六、未分摊总部费用前利润总额		=17+18-19																

续表

项目	行资	填列说明	1月	2月	3月	4月	5月	6月	7月	8月	9月	10月	11月	12月	年度累计数	2016年累计数占营收比例	2015年累计数占营收比例	2016年较2015年占营收比差异
减：与巴相关的总部费用																		
七、利润总额																		
减：所得税	0.150	按税净利15%计提																
八、净利润																		

表6－14为阿米巴年度现金流量表。

表6－14　阿米巴年度现金流量表

项　目	1月	2月	3月	4月	5月	6月	7月	8月	9月	10月	11月	12月	合计
期初现金、银行存款余额													
收货款													
小 计:													
1. 收废品款													
2. 租金收入													
3. 受理赔款													
4. 利息收入													
5. 其他收入													
小 计:													
收入合计													
支出:													
1. 供应商货款（原材料）													
2. 供应商货款（辅料）													
3. 委外加工													
4. 设备款													
5. 工程款													
6. 工资项目													
（1）管理工资													
（2）工人工资													
（3）住房公积金（含代扣代缴个人部分）													
（4）社保（含代扣代缴个人部分）													
（5）奖金													
小 计:													
水电费													
（1）电费													
（2）水费													

续表

项目	1月	2月	3月	4月	5月	6月	7月	8月	9月	10月	11月	12月	合计
(3) 燃料费													
小 计:													
其他费用													
(1) 福利费													
(2) 工伤医疗费													
(3) 培训费(原名会务费)													
(4) 敬神费													
(5) 通信费													
(6) 差旅费													
(7) 应酬费													
(8) 货物运输费													
(9) 小车费用													
(10) 招聘费													
(11) 客诉客退费													
(12) 租金													
(13) 无形资产摊销													
(14) 消耗品													
(15) 修理及保养费													
(16) 报关费													
(17) 认证费													
(18) 检测费													
(19) 专利费													
(20) 研发费用(原样品费用)													
(21) 广告费													
(22) 商业保险													
(23) 审计费													
(24) 诉讼费													
(25) 顾问费													
(26) 税费													

续表

项　　目	1月	2月	3月	4月	5月	6月	7月	8月	9月	10月	11月	12月	合计
(27) 其他													
小计：													
长期待摊													
折旧													
税费													
(1) 增值税													
(2) 城建教育税													
(3) 个人所得税（代扣代缴）													
(4) 企业所得税													
(5) 房产税													
(6) 土地使用税													
(7) 印花税/车船税及其他													
小 计：													
支出合计													
保底基金													
资金差额													
加：内部借款													
加：银行融资													
期末现金、银行存款余额													

表6－15为阿米巴资产负债表格式。

表6－15　阿米巴资产负债表

项　　目	年初数	1月份期末数	2月份期末数	3月份期末数	4月份期末数	5月份期末数	6月份期末数	7月份期末数	8月份期末数	9月份期末数	10月份期末数	11月份期末数	12月份期末数
货币资金													
应收票据													
应收账款													
减：坏账准备													

续表

项目	年初数	1月份期末数	2月份期末数	3月份期末数	4月份期末数	5月份期末数	6月份期末数	7月份期末数	8月份期末数	9月份期末数	10月份期末数	11月份期末数	12月份期末数
应收账款净额													
预付账款													
其他应收款													
存货													
待处理流动资产													
一年内到期的非流动资产													
流动资产合计													
长期股权投资													
长期应收款													
固定资产原值													
减：累计折旧													
减：固定资产减值准备													
固定资产净额													
固定资产清理													
待处理固定资产													
在建工程													
无形资产													
长期待摊费用													
递延所得税资产													
资产总计													
短期借款													
应付票据													
应付账款													
预收账款													
其他应付款													
应付职工薪酬													
应交税费													

续表

项目	年初数	1月份期末数	2月份期末数	3月份期末数	4月份期末数	5月份期末数	6月份期末数	7月份期末数	8月份期末数	9月份期末数	10月份期末数	11月份期末数	12月份期末数
应付股利													
一年内到期的非流动负债													
流动负债合计													
长期借款													
长期应付款													
长期负债合计													
递延所得税负债													
负债合计													
实收资本													
资本公积													
盈余公积													
本年利润													
未分配利润													
所有者权益合计													
负债和所有者权益总计													
制表													
本月购原料													
本月发出原料													
原材料													
半成品													
产成品													
在产品													
委外加工物资													
存货													
进项													
应付													
银行存款													

表 6－16 为阿米巴年度费用计划表。

表 6－16　阿米巴年度费用计划表

序号	二级科目	序号	费用科目编码	三级科目	重新归类	1月	2月	3月	4月	5月	6月	7月	8月	9月	10月	11月	12月	年度	占产值%	编制说明
				营业额/产值																
01	直接生产人员工资	01	固定工资																	
		02	计件工资																	
		03	绩率奖																	
		04	加班费																	
		05	工资发放差异																	
		06	夜餐补贴																	
		07	生活补助																	
		08	退房补贴																	
		09	特殊岗位补贴																	
		10	工龄奖																	
		11	其他补贴																	
		12	月度奖金																	
		13	全勤奖																	
		14	品质奖																	
		15	年终奖金																	

续表

序号	二级科目	序号	费用科目编码	三级科目	重新归类	1月	2月	3月	4月	5月	6月	7月	8月	9月	10月	11月	12月	年度	占产值%	编制说明
				营业额/产值																
01	小计		直接生产人员工资																	
02	管理人员工资	01		固定工资																
		02		绩效奖																
		03		加班费																
		04		生活补助																
		05		夜餐补贴																
		06		工资发放差异																
		07		其他补贴																
		08		月度奖金																
		09		年终奖金																
02	小计			管理人员工资																
03	技术人员工资	01		固定工资																
		02		绩效奖																
		03		加班费																
		04		生活补助																
		05		夜餐补贴																
		06		工资发放差异																

续表

序号	二级科目	序号	费用科目编码	三级科目	重新归类	1月	2月	3月	4月	5月	6月	7月	8月	9月	10月	11月	12月	年度	占产值%	编制说明
				营业额/产值																
		07		其他补贴																
		08		月度奖金																
		09		年终奖金																
03	小计			技术人员工资																
05	辅助人员工资	01		固定工资																
		02		绩效奖																
		03		加班费																
		04		生活补助																
		05		夜餐补贴																
		06		工资发放差异																
		07		其他补贴																
		08		月度奖金																
		09		年终奖金																
05	小计			辅助人员工资																
06	社保费用	01		养老保险(原养老+失业+工伤+生育+医疗)																
		06		强制性公积金																
06	小计			社保费用																

续表

序号	二级科目	序号	费用科目编码	三级科目	重新归类	1月	2月	3月	4月	5月	6月	7月	8月	9月	10月	11月	12月	年度	占产值%	编制说明
				营业额/产值																
07	住房公积金	01		住房公积金																
07	小计			住房公积金																
08	福利费	01		公司活动费（原公司活动费＋公费旅游＋发放物品）																
		04		菜金																
		05		补偿金																
08	小计			福利费																
09	工伤医疗费	01		工伤医疗费																
09	小计			工伤医疗费																
10	培训费（原名会务费）	01		培训费（原资料费＋出差费＋内部会务费）																
10	小计			培训费(原名会务费)																
11	敬神费	01		敬神费																
11	小计			敬神费																

续表

序号	二级科目	序号	费用科目编码	三级科目	重新归类	1月	2月	3月	4月	5月	6月	7月	8月	9月	10月	11月	12月	年度	占产值%	编制说明
				营业额/产值																
12	通信费	01		固定电话费																
		02		手机费																
		03		网络费																
		04		邮费（文件快递费）																
12	小计			通信费																
13	差旅费	01		交通费（原运输费和报关费下的出差费）																
		02		住宿费																
		03		伙食费																
13	小计			差旅费																
14	应酬费	01		应酬费																
14	小计			应酬费																
15	货物运输费	01		油费																
		02		路桥费																
		04		汽车修理费																
		05		汽车年审费（原汽车年审+汽车保险费）																
		08		外租车费																

续表

序号	二级科目	序号	费用科目编码	三级科目	重新归类	1月	2月	3月	4月	5月	6月	7月	8月	9月	10月	11月	12月	年度	占产值%	编制说明
				营业额/产值																
		09		运输费(原通信费下送货产生的空运、船运和快递费)																
15	小计			货物运输费																
16	小车费用	01		油费																
		02		路桥费																
		04		汽车修理费																
16	小计			小车费用																
17	招聘费	01		招聘费(原场地费+差旅费)																
17	小计			招聘费																
18	燃料动力费	01		水费																
		02		电费																
		03		燃料费																
18	小计			燃料动力费																
19	客诉客退费	01		返工材料费用																
		02		处理客诉费用																
19	小计			客诉客退费																

续表

序号	二级科目	序号	费用科目编码	三级科目	重新归类	1月	2月	3月	4月	5月	6月	7月	8月	9月	10月	11月	12月	年度	占产值%	编制说明
				营业额/产值																
20	折旧	01		折旧																
20	小计			折旧																
21	租金	01		厂房/办公楼租金																
		02		宿舍租金																
		03		房屋管理费																
21	小计			租金																
22	无形资产摊销	01		无形资产摊销																
22	小计			无形资产摊销																
23	消耗品	02		生产消耗																
		03		办公消耗																
		04		其他消耗																
23	小计			消耗品																
24	修理及保养费	03		保养费																
		04		修模费																
		05		设备修理费																
		06		工治具费用																
		07		后勤维修费用																

续表

序号	二级科目	序号	费用科目编码	三级科目	重新归类	1月	2月	3月	4月	5月	6月	7月	8月	9月	10月	11月	12月	年度	占产值%	编制说明
				营业额/产值																
24	小计			修理及保养费																
25	报关费	01		查车费																
		02		打单费																
		03		商检费																
		05		委托费																
		06		报关费																
25	小计			报关费																
26	认证费	01		安规认证费用(包括原证书年费)																
		03		体系检查费(包括原工厂检查费)																
26	小计			认证费																
27	检测费	01		原材料检测费																
		02		成品检测费																
		03		EMC 检测费																
		04		设备仪器检测																
27	小计			检测费																
28	专利费	01		专利费																

续表

序号	二级科目	序号	费用科目编码	三级科目	重新归类	1月	2月	3月	4月	5月	6月	7月	8月	9月	10月	11月	12月	年度	占产值%	编制说明
				营业额/产值																
28	小计			专利费																
29	研发费用(原样品费用)	01		样品费																
		02		项目研发费																
29	小计			研发费用(原样品费用)																
30	广告费	01		广告费																
		03		参展费																
30	小计			广告费																
31	商业保险	01		财产保险																
		02		产品保险																
		03		人身意外保险																
31	小计			商业保险																
32	审计费	01		审计费																
32	小计			审计费																
33	会议费	01		会议费																
33	小计			会议费																
34	诉讼费	01		诉讼费																

续表

序号	二级科目	序号	费用科目编码	三级科目	重新归类	1月	2月	3月	4月	5月	6月	7月	8月	9月	10月	11月	12月	年度	占产值%	编制说明
				营业额/产值																
34	小计			诉讼费																
38	长期待摊	01		长期待摊费用																
38	小计			长期待摊																
39	税费	01		房产税																
		02		土地使用税																
		03		车船使用税																
		04		关税																
		05		印花税																
		08		排污费																
		09		卫生费																
		10		员工调配费																
		11		堤围费																
		12		交政府杂费																
		13		差饷																
39	小计			税费																
40	什费	01		什费																
40	小计			什费																

续表

序号	二级科目	序号	费用科目编码	三级科目	重新归类	1月	2月	3月	4月	5月	6月	7月	8月	9月	10月	11月	12月	年度	占产值%	编制说明
				营业额/产值																
41	其他	01		项目费用																
		02		公司经费																
		03		业务佣金																
41	小计			其他																
				合计																
			明细与加总数据校对差异																	

案例

柏明顿“阿米巴”咨询项目成功案例之四

在柏明顿的阿米巴咨询客户群中，有一家专业漆包线生产厂家。该公司是一家合资企业，专门为各国际著名品牌厂家提供漆包线及其他线材系列产品，年产值逾7亿元。

随着竞争的加剧和国际期货铜的价格连年滑坡，该公司的业绩自2012年开始下降，利润的滑坡更严重。此时，对外需要寻求新的产品，对内必须控制各项成本。

公司在内外交困的状况下，选择与柏明顿合作。

（一）问题现象

(1) 管理高度集权、缺乏经营性人才。总经理高度集权，管理人员只是听从指挥，缺乏主观能动性，更无经营意识和经营能力。

(2) 局限于OEM模式，和市场脱节。该公司长期以来局限于OEM模式，对于市场的敏感度不够，没有主动研发产品与开发客户。

(3) 没有财务管理和分析。只有销售收入较为准确，利润没有分解到产品、客户，分不清谁赚钱、谁亏损。

(4) 库存严重、资金链几近断裂。铜的采购数量没有对接市场，产、销严重不平衡。2013年年底，公司库存占用的资金高达5 000万元，但是全年主营业务利润只有1 000多万元，使得资金链几近断裂。

(5) 公司的业务开拓几近停滞。只是依赖于总经理的人脉介绍客户和接单，没有专业的销售队伍，也没有主动开发客户和抢夺竞争对手的订单份额。

(6) 组织体系紊乱，依靠总经理个人随机指挥。虽然有分部门、岗位，但职责不清，依靠总经理随机指挥加以运作。

(7) 公司的责权利体系没有建立。授权体系无从谈起，事事都是总经理亲自下令、亲自过问，属下必须时时汇报。

（二）原因分析

(1) 公司的权力都集中在总经理手里，长此以往，将强兵弱。

(2) 公司长期局限于 OEM 模式，缺少和外部市场的互动及对接，形成了相对封闭的内部市场，缺少市场化思维和运作。

(3) 公司缺乏经营管理人才，粗放式经营，没有分析过业务、产品、客户、营销模式和细分利润，缺乏业务链规划和战略思维。

(4) 公司高度集权、人才匮乏、一人多岗、组织职能错位不健全、业绩下滑等，形成一条恶性循环链条，必须从内部变革和打破。

（三）解决方案

(1) 诊断调研。通过面谈、现场观察、资料阅读、走访客户、了解同行等方法，将公司的问题挖掘出来。

(2) 数据分析与市场研究。对现有产品和客户进行销售额、利润、资金周转等分析，筛选优质产品与客户。同时通过外部调研、同行对标、趋势研究、政策影响等，寻找蓝海产品与客户。

(3) 制订中长期战略规划。通过内外情况和数据分析，得出公司"一个中心、两个基本点"的战略转型思路，即以原 OEM 加工向工贸一体化转型为中心，以产品结构调整和营销体系重塑为两翼，最后通过战略研究确定了两个增长业务产品和一个种子业务产品。

(4) 阿米巴组织划分。以产品为划分维度：5 个一级巴（利润型）。以职能为划分维度：4 个二级生产巴（成本型）、4 个二级销售巴

（利润型）。

（5）阿米巴资产盘点和费用分摊。对公司总部、各巴进行清产核资；建立费用分摊规则并进行分摊：先将总部费用按各巴销售额占比分摊到一级巴，再将总部分摊下来和一级巴职能部门的费用分摊到二级销售巴（利润巴），二级生产巴（成本巴）只对巴内成本负责（标准成本），形成生产巴和销售巴的核算表。

（6）阿米巴内部交易。内部交易是阿米巴会计的核心，该公司的内部交易关系比较复杂，分为以下四个步骤：

第一，业务流分析暨内部交易界定。

因为该公司的产品有不同的工序，不同的产品经过的前工序的组合不同。必须仔细厘清每一种产品的工序组合并勾画出各巴产生内部交易的产品和关系。

第二，内部交易定价。

该公司的内部交易分为三种形式：同巴之间购销、跨巴交易和内部外发。

首先计算每道工序每个品规的标准成本，按照料、工、费的成本构成原则，同时加上生产巴的巴内费用折算到每个品规的部分。在标准成本的基础上加上跨巴交易利润，跨巴交易利润在标准成本的基础上顺加一定比例。

第三，内部交易流程。

按照三种不同的交易形式，分别标记出产品在生产巴、销售巴之间的流动交易关系和过程中途经的责任岗位和工作表单。

第四，内部交易的报表体现。

按照交易物、交易价和交易流三大要素进行会计入账。由于该企业用的会计入账方式是各巴合并报表，可以直接对接公司财务报表，因此内部购销和交易的报表入账只有经过上述三个步骤后才会非常清晰。

(7) 阿米巴年度经营目标建立。首先，顾问培训各巴长如何预测销售收入，在当前销售收入一定的前提下，如何做好各项成本与费用的预算。同时设计好相关表格发给他们，方便巴长操作。

各巴结合“自下而上”和“自上而下”两条线，进行年度经营预算编制并分解到月，形成汇总的公司总经营预测表。

为了确保经营目标能够执行落地，针对生产、销售两大体系各制订业务计划落地举措。

(8) 阿米巴运营管控。成立阿米巴推进委员会，界定委员的职责和例会机制；成立审计监察委员会，界定审计监察的内容、形式；界定总部和阿米巴组织的权限、事项和对接流程。

(9) 阿米巴实施辅导与运行改善。针对阿米巴经营报表要每日统计的现状，列明每笔会计科目要得到的数据来源，从而对公司内部运作流程上的很多节点增补了13种日常工作表单，以确保数据的及时性、准确性。

针对运行中产生的问题，除能够即时解决的，其他形成问题反馈单逐级会签，推动财务对接人、巴长、项目负责人和总经理等知悉问题和解决问题，并将问题反馈单形成周汇总，例行汇报。

在试运行过程中调整了费用分摊规则、跨巴交易利润核算规则、个别巴的年度经营目标预算等，并且敦促财务对原来报表中不合理的数据项进行修正。

培训巴长、统计员和管理干部，包括阿米巴的系统框架、财务知识、报表阐释、内部交易形式和流程等。

(四) 实施效果

(1) 观念转变，人才培养。这是到目前为止最大的收获，总经理开始下放一定权力给巴长；以前负责销售跟单的人员、车间主任、品管经理做了巴长之后就主动开发客户，而且已经开发成功几个客户。

（2）利润同比大幅增长。该公司自实施阿米巴以来，改变了两年来利润一路下滑的颓势，营业额增长 38%、利润增长 52%；新产品的研发与销售也正按顾问拟订的战略在实施，新客户、新产品的销售额已占 27%。

（3）库存大幅降低（漆包线、三层绝缘线等库存品）。该公司自实施阿米巴以来，库存品金额从 7 000 万元大幅降至 3 000 万元，现金流充裕了，极大地缓解了公司的资金链压力。

第七章
阿米巴的成本、费用控制

本章重点

⊙阿米巴成本控制的重点内容，按成本费用的构成划分为阿米巴的原材料成本控制 、阿米巴的工资费用控制、阿米巴的制造费用控制、阿米巴的管理费控制。

⊙阿米巴的成本费用控制步骤为建立成本费用标准体系、建立阿米巴成本费用控制的组织体系和责任体系、建立阿米巴成本费用控制信息反馈系统。

⊙从机制上确保降低成本，主要从人力成本控制、材料消耗成本控制、费用成本控制方面降低成本。

第一节　阿米巴的责任成本管理

阿米巴的责任成本是以具体的责任单位，即阿米巴单元为对象，以其承担的责任为范围所归集的成本，也就是阿米巴单元的全部可控成本。

阿米巴责任成本的形式主要有：第一，本阿米巴单元所发生，并且能够为该阿米巴单元所控制和影响的成本。第二，发生在其他部门而应由本阿米巴承担的成本，但不为该阿米巴单元所控制和影响的成本。一般是指本阿米巴单元的其他部门所提供的材料、半成品、机械费用、劳务费用及其他相关费用。

阿米巴组织的成本费用控制是指阿米巴组织在生产经营过程中，按照既定的成本费用目标，对构成成本费用的各要素进行的规划、限制和调节，及时纠正偏差，控制成本费用超支，把实际耗费控制在成本费用计划范围内。其控制的内容包括材料消耗成本控制、工资成本控制、费用成本控制。

一、阿米巴成本费用控制的重要性

阿米巴经营会计报表提供的采购成本、生产成本、销售价格、利润水平等经营数据，是阿米巴组织进行决策的重要依据。但有时候搜集到的经营数据是滞后的，几个月前的采购、生产等成本数据，对当月的定价已经失去意义，更何况定价跟成本没有多大关系，阿米巴的定价主要依据市场价格。

在阿米巴组织，通过这些经营数据可以清楚成本发生在什么地方，什么时候发生。这有利于各阿米巴成员参与经营，了解自己的工作对盈利的影响，提高成本意识。更重要的是，阿米巴领导人能够依据经营会计报表及时做出经营决策。

二、阿米巴成本费用归集

对阿米巴组织在经营过程中所发生的各种费用，按一定的对象，如各种产品、作业、各个车间部门所进行的分类、汇总。通过成本归集，分别求得各个阿米巴组织的成本总额。

对于阿米巴组织的直接材料、直接人工，应按成本计算对象，如产品的品种、批别、生产加工步骤进行归集。而阿米巴组织的制造费用、废品损失等，则应按发生地点或用途进行归集，然后再计入各产品成本。

从一定意义上讲，阿米巴组织的产品成本计算就是成本归集和成本分配两大工作。首先是成本归集，然后是成本分配，两者是密切联系、交错进行的。正确的成本归集是保证成本计算质量的关键。要做到成本归集的准确：一是费用划分要正确，如果费用划分错误，应由甲阿米巴负担的费用误归入乙阿米巴的生产成本，则成本计算就不可能准确；二是汇总要按一定的程序进行，如果汇总程序搞乱了，就会发生费用漏记或重记的情况，影响阿米巴成本计算的正确性。

三、如何明确每个阿米巴的原始数据

阿米巴经营会计报表最重要的是能够清楚地记录每一笔收入、每一笔开支，能够让阿米巴领导人有经营数据的概念，有自负盈亏的概念，有赶快把这件事情付诸实践的概念。这样一来，推行阿米巴运行的目的就能实现。

明确每个阿米巴的原始数据要求：

（1）梳理阿米巴经营数据。

其实，阿米巴经营数据取样不难，难的是组织变革。以前是销售中心、研发中心、制造中心，现在有的以产品、有的以客户为中心。如此一来，经营数据获取的难度就大一些。如果是这样，我们就需要重新梳理阿米巴的经营数据。

阿米巴组织的类型中，有销售阿米巴、研发阿米巴、制造阿米巴，以前会计记账是以这几个阿米巴为单位进行记账，现在有时以地区为中心、有时以产品为中心、有时又以客户为中心。过去，哪些属于销售费用很明确，但是不一定分得那么细，或者一般的会计做法可能会按产品稍微分一下，但是不一定按照地区来分，也不一定按照客户来分。

财务总是一本账，但是还是有原始数据的。当我们需要某个数据，以产品为中心的时候，可能就穿插到很多地区、很多客户。比如这个产品里面包括6个地区、20个客户，那么这个产品阿米巴就涵盖多个地区和客户的相关成本，这样数据来源可能就困难一些。但只要财务的基础数据还存在，这就不是难题。

（2）阿米巴成本列得越细，成本控制就越准确。

阿米巴成本列得越细，成本控制就越准确。比如这个公司的办公费用有固定电话费用、手机费用、网络费用、合同签证费用、证件年审、邮寄费用、报单费用等，这比单独一个办公费用细得多。差旅费用也比较清楚，车费、路桥费、住宿费、餐费等能分就分。公司的财务应该建立一种规范制度。

重点提示：

阿米巴经营会计报表里面就有这么多的以往成本，都要进行分析。如果以前的经营会计报表没有这么详细，也没关系，只要统计的口径一致就不要紧。

（3）阿米巴成本控制过程中的标准化工作。

标准化工作是现代企业管理的基本要求，是企业正常运行的基本保证。它促使阿米巴组织的生产经营活动和各项管理工作达到合理化、规范化、高效化，是成本控制成功的基本前提。在阿米巴成本控制过程中，下面四项标准化工作极为重要。

第一，计量标准化。计量是指用科学方法和手段，对阿米巴生产经营活动中的质量数值进行测定，为生产经营尤其是成本控制提供准确数据。如果没有统一计量标准，基础数据不准确，那就无法获取准确的成本信息，更无法谈控制。

第二，价格标准化。成本控制过程中要制订两个标准价格：一是内部价格，即内部结算价格，是各阿米巴组织之间、各阿米巴组织与企业之间模拟市场进行“商品”交换的价值尺度；二是外部价格，即在阿米巴组织购销活动中与外部企业产生供应与销售的结算价格。标准价格是成本控制运行的基本保证。

第三，质量标准化。质量是产品的灵魂，没有质量，再低的成本也是徒劳的。阿米巴成本控制是质量控制下的成本控制。没有质量标准，成本控制就会失去方向，也谈不上成本控制。

第四，数据标准化。制订成本数据的采集过程，明晰阿米巴成本数据报送人和入账人的责任，做到阿米巴成本数据按时报送、及时入账、数据便于传输、实现信息共享；规范阿米巴成本核算方式，明确成本的计算方法；阿米巴成本的书面文件使用规范化公文格式，统一表头，形成统一的成本计算图表格式，做到阿米巴成本核算结果准确无误。

第二节　阿米巴成本控制的重点内容

阿米巴成本控制是指阿米巴根据一定时期预先建立的成本管理目标，由阿米巴组织在其职权范围内，在生产耗费发生以前和成本控制过程中，对各种影响成本的因素和条件采取的一系列预防和调节措施，以保证阿米巴成本管理目标实现的管理行为。

阿米巴成本控制的过程是指运用系统工程的原理对企业在生产经营过程中发生的各种耗费进行计算、调节和监督的过程，也是发现薄弱环节、挖掘内部潜力，寻找一切可能降低成本途径的过程。

重点提示：

阿米巴科学实施成本控制可以促进阿米巴改善经营管理，全面提高阿米巴的利润率，使阿米巴在市场竞争的环境下生存、发展和壮大。

图 7－1 为成本费用管理作用。

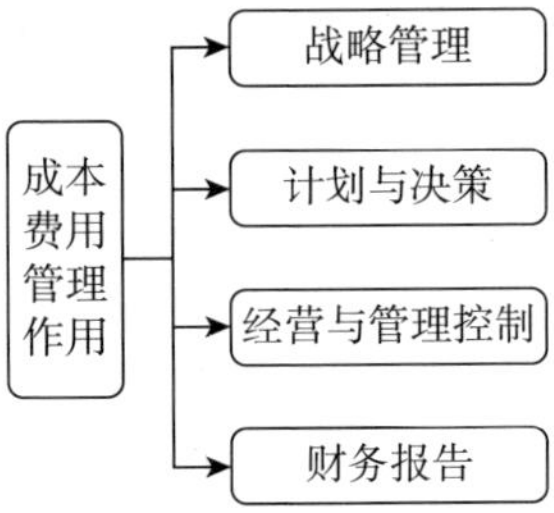

图 7－1　成本费用管理作用

一、 阿米巴成本控制的内容

阿米巴成本控制的内容按成本费用的构成划分如图 7－2 所示：

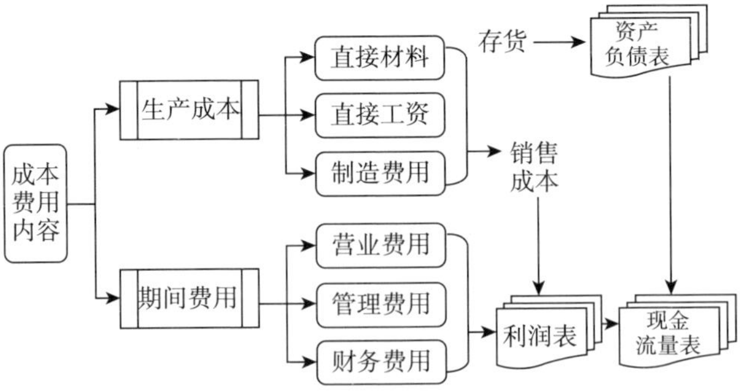

图 7－2　成本费用的构成

（1）阿米巴的原材料成本控制。

在生产型阿米巴中，原材料费用占了总成本的很大比重，一般在60%以上，高的可达90%，是成本控制的主要对象。影响原材料成本的因素有采购、库存费用、生产消耗、回收利用等，所以阿米巴的成本控制活动可从采购、库存管理和消耗三个环节着手。

（2）阿米巴的工资费用控制。

工资在阿米巴成本中占有一定的比重，增加工资又被认为是不可逆转的。控制工资与效益同步增长，减少单位产品中工资的比重，对降低成本有重要意义。控制工资成本的关键在于提高阿米巴的劳动生产率，与劳动定额、工时消耗、工时利用率、工作效率、工人出勤率等因素有关。

（3）阿米巴的制造费用控制。

阿米巴的制造费用开支项目很多，主要包括折旧费、修理费、辅助生产费用、车间管理人员工资等。虽然它在成本中所占的比重不大，但因不引人注意，浪费现象十分严重，是不可忽视的一项内容。

（4）阿米巴的管理费控制。

阿米巴管理费指为管理和组织生产所发生的各项费用，开支项目非常多，也是成本控制中不可忽视的内容。

二、 阿米巴成本控制理念

我们主要阐述阿米巴成本控制理念——售价还原成本法。

阿米巴成本控制是管理会计的目标之一，将阿米巴收入与市场价格挂钩。降低阿米巴经营成本一般首先会考虑生产、管理和销售等费用的降低，并以尽量低的价格进行原材料采购。即使把这些费用降到底线，有时仍然很难达到理想的成本控制水平。

根据产品的生命周期理论：一个产品的研发阶段，已经至少决定了一个产品最终成本的 80%，所以在生产和销售阶段，至少有 80% 的成本是难以控制的，产品的设计研发阶段才应该是成本控制的源头。

很多阿米巴组织在产品的生产阶段才考虑成本控制，可此时已经很难有效控制成本了。生产成本居高不下的阿米巴组织，不妨在产品的研发设计阶段看是否可以重新优化设计生产工艺，能否让设计师在保证产品性能完美的同时兼顾降低成本。这些还原成本的思路，使很多企业有效地控制了生产成本，在经营困境中冲出重围。

第三节　阿米巴的成本控制步骤

虽然成本控制对象各有不同，阿米巴成本控制工作的要求也不一样，但阿米巴成本控制工作的过程基本是一致的。阿米巴的成本费用控制，基本步骤主要有：

（1）制订阿米巴的成本费用控制标准，建立成本费用标准体系。

阿米巴的成本费用标准是对各项费用开支和资源消耗规定的数量界限，是成本费用控制和成本费用考核的依据，便于分清部门责任。成本费用控制标准种类繁多，要在实践中不断总结整理，使其形成有机的成本费用标准体系，提高成本控制的实际效果。

（2）建立阿米巴成本费用控制的组织体系和责任体系。

由财务部门负责，在阿米巴组织中的各个费用发生点，建立成本费用控制责任制，定岗、定人、定责并定期检查。对阿米巴成本费用的形成过程严格按照成本费用标准进行控制和监督。

表7-1 成本费用控制责任制

责任中心	涉及的业务单元	控制重点	关注问题
收入中心	按产品或地区划分的销售阿米巴等	销售规模和结构	收入动因分析，订单获取成本、订单完成成本
成本中心	车间、管理型阿米巴等	成本费用水平	成本转嫁、短期目标、预算宽裕
利润中心	自然形成的利润中心或模拟利润中心	盈利水平	边际利润、固定成本、盈利动因分析
投资中心	集团总部、投资公司	投资报酬率、剩余收益、经济附加值	资金成本，评价指标的局限性

（3）建立阿米巴成本费用控制信息反馈系统。

会计人员要及时准确地将成本费用标准与实际发生的成本费用之间的差异，以及成本费用控制实施情况反馈到阿米巴决策层，以便适时地采取措施，组织协调企业财务活动，圆满完成阿米巴成本费用控制计划。

第四节 如何从机制上确保成本降低

阿米巴组织在完成一定的经营目标时，需要通过降低成本费用增加利润，进而提高企业整体的经济效益。因此，阿米巴需要从机制上确保降低成本、费用。

阿米巴的成本、费用控制内容主要分为三大块，包括人力成本控制、材料消耗成本控制、费用成本控制。

一、人力成本控制

阿米巴的人力成本是指阿米巴组织在一定的时期内，在生产、经营和提供劳务活动中，因使用劳动者而支付的所有直接费用与间接费用的总和。

如何有效地控制人工成本是人力资源管理的重大内容。掌握了人力成本分析的方法，阿米巴领导人就能够对人力成本现状有一个清晰的认识。有了这个认识之后，要解决的问题就是如何对症下药。

第一，总成本控制法。

对阿米巴人力成本的控制，需要降低人力成本在总体成本中的比重，增强产品的竞争力，增强人工成本的支付能力；对人力成本的控制还要降低人力成本在企业增加值中的比重，即降低劳动分配率，提高人力资源的开发能力。

第二，人员控制法。

人员增长一定会使人力成本上升，除非业绩上升而冲掉上升的人力成本。控制人员的最好方法是控制成本，搞不清楚到底需要用多少个人的时候就用成本控制法，其中定员定编的控制法是最常用的。

第三，正向降低法。

正向降低法主要从组织架构设计、流程重组与优化等角度实施，从而有效降低人力成本。

第四，反向降低法。

方向降低法主要从工作质量上升一个台阶，提升组织与个人绩效来降低人力成本率。

这里的组织绩效是指组织在某一时期内组织任务完成的数量、质量、效率及盈利情况。组织绩效实现应在个人绩效实现的基础上，但是个人绩效的实现并不一定保证组织是有绩效的。如果组织的绩效按一定的逻辑关系被层层分解到每一个工作岗位及每一个人的时候，只要每一个人达成了组织的要求，组织的绩效就实现了。组织绩效的评价需要选用一定的指标，指标作为衡量组织绩效的标准，其本身必须体现对组织管理的综合要求。从组织的发展过程来看，一个有序的评价反馈系统对组织的生存和发展至关重要。然而，困难的是从不同的角度评价组织绩效会产生不同的标准。

第五，人员组合。

广东某企业有三个研发阿米巴，每个研发阿米巴对应一个打样组，共三个打样组。后来通过改革，继续保留三个研发阿米巴，但每个研发阿米巴都有打样组则是不必要的，就合并起来，节省了5个人的成本。如表7－2所示：

表7－2　广东某企业组织结构优化

	人数		人数
研发一部	16	打样组	5
研发二部	23	打样组	7
研发三部	17	打样组	5
			17

<table>
<tr><th></th><th>人数</th><th></th><th>人数</th></tr>
<tr><td>研发一部</td><td>16</td><td rowspan="3">打样组</td><td rowspan="3">12</td></tr>
<tr><td>研发二部</td><td>23</td></tr>
<tr><td>研发三部</td><td>17</td></tr>
</table>

第六，业务外包。

业务外包是近几年发展起来的一种新的经营策略，即企业把内部业务的一部分承包给外部专门机构。其实质是企业重新定位，重新配置企业的各种资源，将资源集中于最能反映企业相对优势的领域，塑造和发挥企业自己独特的、难以被其他企业模仿或替代的核心业务，构筑自己的竞争优势，获得使企业持续发展的能力。

二、 材料消耗成本控制

阿米巴组织的材料消耗成本控制主要有如下方法：

（1）阿米巴组织加强对采购、存储过程的控制。

加强物料购进管理是抓好降本增效的第一个环节。降低采购成本的主要措施：

第一，阿米巴采购过程中，要遵守“货比三家、招标采购、按质论价”的物资采购原则，保证质优价廉，并尽可能做到就近采购，以减少原材料的运输费用。同时，尽可能做到定点采购，以保证原材料的质量和交货期。

第二，加强物资采购的计量和质量管理。进厂的物资一定要严格计量和检验，防止质次价高、数量不足的货物进厂。采购合同的签订、执行、计量、检验要由不同的人来执行，防止出现舞弊行为。

第三，制定合理的储备定额。原材料储备一定要合理、不同的材料要有不同的标准，特别是大宗原材料和燃料要根据不同的季节制定不同的合理库存，以减少资金浪费。实际采购量和进价必须控制在限额之内。

第四，加强存储管理。仓库的物资要做到防火、防盗、防变质。对已经失去使用价值的物品要及时处理。

（2）加强阿米巴生产过程的成本控制。

在保证产品质量的前提下，阿米巴组织通过改进产品设计、结构、工艺，利用科学技术研制并使用新材料和代用料，降低材料消耗，力争做到低投入、高产出；阿米巴注重边角余料的回收利用，实行科学配料、集中下料、合理套裁和修旧利废，使原材料能够得到充分利用；在做好原料、燃料的供应储备工作的同时限额领料；提高产品质量，减少废品损失，开展全面质量管理，建立严格的检验制度。加强流通过程的成本控制，在效益与支出之间进行权衡。

（3）加强对原材料成本的控制。

阿米巴的车间施工员和技术检查员要按图纸、工艺、工装要求进行操作，实行首件检查，防止成批报废。供应部门材料员要按规定的品种、规格、材质实行限额发料，监督领料、补料、退料等制度的执行。生产调度人员要控制生产批量，合理下料、合理投料，监督期量标准的执行。车间材料费的日常控制一般由车间材料核算员负责，要经常收集材料、分析对比、追踪原因，会同有关部门和人员提出改进措施。

三、 费用成本控制

阿米巴组织的费用成本控制主要有如下方法：

（1）加强阿米巴成本核算与成本分析。

首先，区别对待材料采购过程中产生的辅助费用。原材料在采购过程中会产生各种辅助费用，如运输费、税金、入库前的挑选整理费用、运输途中的合理损耗等。按照会计准则的规定，这些费用都是要计入原材料成本的。但由于单据传递不及时的现象时有发生，加上业务流程不规范、阿米巴组织之间沟通不顺畅，财务人员不了解采购条款。通常是在采购材料入账一段时间后，运输费用单据才传递到财务部门。

其次，动力费用的处理。动力费用主要包括水费和电费。很多企业生产用水电、办公用水电、宿舍用水电和食堂用水电等共用一个水表或电表，很难分清生产用水电和其他用水电，给成本核算带来了困难。如果分表使用，需要重新改造动力系统，不仅工程较大，且效益可能远小于为此而付出的代价。对于这个问题，可采用按一定的比例分摊的方法处理水电费，但要前后各期一致。

最后，区分可控成本费用和不可控成本费用。开展成本费用控制，只有在核算相对准确的前提下，成本分析才能找出存在的问题，为下一步的成本控制指明方向。因此，在会计科目的设置上，尽可能区分可控费用和不可控费用，这样便于数据的归集、分析和控制。

（2）明确制订阿米巴成本费用标准。

阿米巴的成本费用标准是支出是否合理的参考依据，因此这个标准一定要符合阿米巴经营的实际情况，而且要有一定的压力，需要经过努力才能实现。可以成本费用历史数据为基础，但是，历史数据只是过去实际支出的数，并不代表合理性。要详细分析支出的合理性和效益，结合可以预见的变化进行调整。

（3）加强阿米巴制造费用、营业费用和管理费的控制。

阿米巴的车间经费、企业营业费用、管理费用的项目很多，发生的情况各异。有定额的按定额控制，没有定额的按各项费用预算进行控制。各个阿米巴、车间、班组分别由有关人员负责控制和监督，并提出改进意见。

（4）领导重视与全员参与，增强阿米巴员工成本意识。

阿米巴的成本费用控制是一项系统工程，需要各部门密切配合，得到高层领导的支持是非常重要的。而阿米巴的日常事务是由阿米巴员工来执行的，这会直接或间接影响成本费用水平。因此，阿米巴要加强宣传，使成本费用理念深入人心，让每一个员工知道自己的行为也会对阿米巴的成本造成影响。

表 7－3　成本及费用预算表

类型	科目	二级科目	1 月	2 月	3 月	4 月	5 月	6 月	7 月	8 月	9 月	10 月	11 月	12 月	合计
			金额	金额	金额	金额	金额	金额	金额	金额	金额	金额	金额	金额	
本巴费用	变动费用	市场费用													
	固定费用	租金													
		办公费													
	合计														
分摊费用	直接费用														
	间接费用														
	合计														

表 7－4 盘点表

部门	科室	职务名称	去年情况		本年情况		人工成本增长率
			去年人数	去年人工成本总额	本年人数	本年人工成本总额	

表 7－5 预测明细表

阿米巴名称： 单位：元

部门	岗位	姓名	去年年收入	调薪后年收入	调薪比例	去年福利金额	增加金额
小计							
部门	岗位	待招人数	年收入				年福利
小计							
合计		人	元	元		元	元

表 7－6 成本中心运作规则

成本中心类型	简要说明
直接人工成本制	
直接人工成本 变动费用制	
直接人工成本 变动费用 固定费用制	
直接人工成本 变动费用 固定费用 损耗节约制	
料、工、费 固定上浮制	
市场价格值	

表 7－7 成本中心“获利”预测

阿米巴名称：　　　　　　　　　　　　　　　　单位：万元

一、收入预测					
收入科目	数量	单位	单价	金额	备注
产品、服务交易					
固定间接人工					
固定费用					
获赔收入					
合计					

二、成本降低预测				
成本降低科目	降低比例	收入预测	降低金额	备注
标准工时				
直接工时				
间接工时				
固定费用				

续表

损耗降低				
合计				
获利预测				
三、成本降低策略				
成本降低策略		效果预估		责任者

案例

K公司根据历史数据法，算出人力成本率是8%，其中，有效成本占7.8%，无效成本是0.2%。2015年销售目标最低要完成6亿元，8.5亿元是最高的销售目标。这是根据顺推法算出的数字。

如果用倒推法，总的成本就是一个常数，做到6亿元的时候，总的人力成本是4 800万元，7亿元的时候是5 600万元。是用销售额直接乘以8%得到这个数字，这是依据历史数据法算出来的。

表7-8　某公司人力成本计算表

单位：万元			最低销售目标	中值销售目标	最高销售目标	说明
			60 000	**70 000**	**85 000**	年度销售目标预测
历史数据法	有效人力成本率7.8% A	A + B = 8%	4 680	5 460	6 630	
	无效人力成本率0.2% B		120	140	170	
	总人力成本C	C = A + B	4 800	5 600	6 800	

续表

单位：万元			最低销售目标	中值销售目标	最高销售目标	说明
			60 000	**70 000**	**85 000**	年度销售目标预测
定员定编法	固定人力成本 D		1 200	1 200	1 280	随销售增长而增长有限
	变动人力成本 B		3 480	4 200	5 260	随销售增长而增长较大
	总人力成本 F	F = D + B	4 680	5 400	6 540	F < C
	人力成本率 G	G = F/销售额	7.80%	7.71%	7.69%	

用定员定编的方法算，它的固定部分就是那些不会因为销售额增加而增加的人力成本。当达到 6 亿元的时候，固定人力成本是 1 200 万元，做到 7 亿元的时候，固定人力成本也是 1 200 万元，但是要做到 8.5 亿元时，人力成本就开始增加了。如增加一个副总类的岗位，就要增加 80 万元的支出，变动的幅度还是比较大的。

在用历史数据推算出来的人力成本中，包含着一定比例的无效成本。既是无效的，就要做相应的其他补偿，所以这样算出来的工资比预算的低。

用这两种方法来比较实发的和预算的数字，可以看到人力成本率从 7.8% 降到 7.71%，如果销售额再增加，就是 7.69% 了。所以，随着销售规模的上升，如果产品结构变化不大，它的整个人力成本率是在下降的。

案例

柏明顿“阿米巴”咨询项目成功案例之五

L 公司成立于 2005 年，从事网络 B2B 平台业务，行业排名仅次于阿里巴巴和慧聪网，积累了 9 年的网络经验和 500 多万的客户资源。

公司于2014年转向中小企业供应链研究与技术研发，专注于中小企业原材料采购和网络金融的发展，现有员工800多人。

（一）问题现象

（1）领导高瞻远瞩，团队整体偏弱。高层领导对互联网市场非常敏感，能够抓住商机、领先同行，特别是在B2B与网络金融领域。但是中层干部整体年轻、有朝气，却承受不了压力，流动性较大，整体偏弱。

（2）品牌推广强势，技术力量不足。公司非常重视产品开发、品牌推广，也取得了良好的效果。但其网络技术、软件开发比较弱，与品牌强度有一定落差，这与技术骨干招聘难、技术领导不太稳定有关。

（3）战略思维超前，具体执行乏力。互联网战略思维超前，但面对瞬息万变的市场，内部的组织、运营、计划、管理、分工、协调、人才等有点跟不上，往往造成战略无法实施的局面。

（4）权力过于集中，制度形同虚设。少数高层的言论往往超越制度，大家习惯了按领导吩咐去做，管理者基本上都是执行者。

（二）原因分析

（1）互联网市场与技术变化较快，一定程度上给内部管理、团队的稳定性造成较大冲击。

（2）似乎永远在经营层面求生存、求发展，对管理并不重视，造成制度虚设，人治大于法治。

（3）虽有战略思维，但不清晰、不具体，主要是老板的想法，因而造成战略朝令夕改。

（4）分配机制不科学，造成大家只关注收入、提成，不关心利润，提成与经营数据关联性不强。

（5）家族企业氛围较浓，与互联网行业不适应，优秀的职业经理人很难融入并留下。

（三）解决方案

（1）战略梳理与组织设计。

顾问通过专业技术将高层的战略思维进行收集、整理、分析、加工，从战略愿景、战略定位、发展战略、竞争战略、职能战略、战略实施等方面系统化、规范化、清晰化。

根据公司战略，将现行职能型、金字塔式的组织架构变革为产品型、扁平化的架构，既有利于现有产品、战略产品的快速发展，又注重组织的高效运行。

（2）阿米巴组织划分。

在新的组织架构下进行阿米巴单元划分：

以产品为导向的阿米巴，将金融、微博、微信、采购等作为一级巴，下设技术、运营等二级巴，其优点为技术跟业务捆绑、易优化产品、提高利润。

以职能为导向的阿米巴，将战略、技术支持、综合管理（人力、财务、总裁办）等一级巴部分下设二级巴，其优点为职能清晰并突出产品开发和技术支持的作用。

（3）阿米巴费用划分。

梳理财务科目。按阿米巴费用科目要求进行科目细分。

建立分摊规则。分清财务科目类别，建立分摊维度，确定分摊比例。

统计相应费用。按分摊规则将相应费用分摊到各巴单元。

（4）阿米巴交易定价。

定价方法为利润倒推法，其流程为：梳理交易流程→统计历史数据→梳理产品结构→确定定价方法→进行产品定价。

（5）人才与激励。

巴长的产生由任命和竞聘两种方式共同完成。确定巴长的责任年薪、责任任期年薪、虚拟股份；确定各巴奖励方案。制订人才晋升通道与标准，如一部优秀销售人员才能晋升到二部、三部等。

（四）实施效果

（1）厘清公司的战略发展方向。

（2）建立年度经营目标和预算管理体系。

（3）公司管理人员的经营意识大大提高。

（4）半年多来营业收入同比增长将近227%，成本费用同比降低33.4%。

第八章
经营报表的统计核算与改善分析

本章重点

⊙阿米巴经营报表包含统计部分、改善分析部分，最关键的是改善分析部分。

⊙阿米巴经营模式以经营数据为基础，经营数据可以使阿米巴经营状况更具体、更直观。

⊙阿米巴经营会计报表的三大特点：用阿米巴经营会计报表透视经营状况，阿米巴领导人的工作重点是“时间”管理，准确掌握每天的业绩数据，迅速做出经营判断。

第一节 阿米巴经营报表与传统财务报表的区别

与源于西方国家的财务会计、管理会计不同，经营会计源于日本，由“经营之神”松下幸之助发明，是一门直接以促进经营提升为目的的会计系统。它的出现解决了“企业家如何一目了然地掌握经营实际”“如何通过量化的数据来贯彻经营者意志”的世界性难题。

长期以来，只要一提及会计，大家脑子里浮现出来的都是有关“财务会计”或“管理会计”的概念，仿佛那些是专业人士才能看懂、才知道如何分析的。

为什么要变革成阿米巴经营核算表？在传统的财务会计报表中，企业管理者无法一个人在这些繁多的数据中，看到企业哪一项业务能够保持盈利、哪一项业务正处于亏损状态、哪一项业务需要发展壮大、哪一项业务必须控制收缩并立即制订相应的对策。但是阿米巴经营会计真正利用这些数据，让企业内部所有员工时刻盯着这些数据的变化，并把数据时刻运用到工作流程中，形成高效易懂的阿米巴经营报表（如表8－1所示），运用大数据将企业做大做强。

阿米巴经营报表与传统的财务会计报表的区别主要体现在以下方面：

（1）用途不一样。

财务会计报表主要是向公司的利害关系人报告公司的财务状况和经营成绩，而阿米巴经营报表是经营者、管理者能够及时了解企业经营状况，并做出适当对策的内部经营报表。

（2）目标不一样。

财务会计报表关注的是公司关系者的利害调整，为调整公司和利害关系者的利害关系提供资料，而阿米巴经营报表关注的是生产性的提高，提高企业的收益性、生产性，追求企业的安全性、安定性。

（3）计算准则不一样。

财务会计报表遵行的是企业会计原则、财务各表规则、商法、税法等，而阿米巴经营报表是随着企业的业种、业态、规模、组织、产品、区域、课题的不同而建立的独立基础账户科目和部门计算体系。

（4）计算对象不一样。

财务会计报表综合地把握公司整体的费用、收益及资产。通过合并决算制度，从公司到企业、企业集团，其计算对象不断综合化。阿米巴经营报表的管理对象不局限于公司的范畴，而是按事业类别、部门类别（如制造、销售）、营业类别、地区类别、商品群类别、工程类别、项目类别、客户企业类别进行把握。

表 8－1　阿米巴损益表

阿米巴名称：																																							
项目		2016 年 1 月			2016 年 2 月			2016 年 3 月			2016 年 4 月			2016 年 5 月			2016 年 6 月			2016 年 7 月			2016 年 8 月			2016 年 9 月			2016 年 10 月			2016 年 11 月			2016 年 12 月			累计	
		预算金额	实际金额	差异	预算金额	实际金额	差异	预算金额	实际金额	差异	预算金额	实际金额	差异	预算金额	实际金额	差异	预算金额	实际金额	差异	预算金额	实际金额	差异	预算金额	实际金额	差异	预算金额	实际金额	差异	预算金额	实际金额	差异	预算金额	实际金额	差异	预算金额	实际金额	差异	预算金额	实际金额
总出货	a:对外销售																																						
	b:对内销售																																						
	小计：																																						
（一）总收入	(1)对外销售收入																																						
	(2)对内销售收入																																						
	(3)内部采购																																						
	小计：																																						
减：(二)成本(不含人工)	(4)固定成本																																						
	(5)变动成本																																						
	小计：																																						
减：(三)人工(见编制)	(6)直接人工																																						
	(7)间接人工																																						
	小计：																																						

续表

阿米巴名称：

项目		2016年1月			2016年2月			2016年3月			2016年4月			2016年5月			2016年6月			2016年7月			2016年8月			2016年9月			2016年10月			2016年11月			2016年12月			累计	
		预算金额	实际金额	差异	预算金额	实际金额	差异	预算金额	实际金额	差异	预算金额	实际金额	差异	预算金额	实际金额	差异	预算金额	实际金额	差异	预算金额	实际金额	差异	预算金额	实际金额	差异	预算金额	实际金额	差异	预算金额	实际金额	差异	预算金额	实际金额	差异	预算金额	实际金额	差异	预算金额	实际金额
减：（四）费用	（8）本巴费用																																						
	（9）直接分摊费用																																						
	（10）间接分摊费用																																						
	小计：																																						
本巴净利润：																																							
本巴总时间	正常工作时间																																						
	加班时间																																						
	公共时间																																						
	借调/支援时间																																						
	小计																																						
当月单位时间																																							
单位时间产值																																							
人工利润比																																							

（5）计算周期不一样。

财务会计报表一般是事后计算，如每月一次、每年一次，或一定的时期（决算期后 2～3 个月）一次，而阿米巴经营报表是即时反映经营状况，要每天一次或每周一次。

（6）会计报表不一样。

阿米巴经营会计报表经常会有“预计”和“预提”两项，最后才进行核算，而传统的财务会计报表主要是核算，很少核算之后再去做预提。

稻盛和夫先生曾这样说过阿米巴经营会计：“无论是在公司还是出差，我都第一时间看每个部门的阿米巴经营会计报表，并且透过销售额和费用的内容，就可以像看一个一个故事一样明白那个部门的实际状态，经营上的问题也自然而然地浮现出来。”

当然，阿米巴经营会计报表除了让股东或经营者能直接看到公司的经营状况并发现问题外，还通过采用市场价格倒逼的方法来降低生产成本。如销售部接到订单后发送到生产部门，生产部门会以订单上的价格为基础想尽一切办法降低费用，以最少的费用和成本做出最完美和最令客户满意的产品，从而达到利润最大化的目的。

胡博士评点：

阿米巴经营会计报表最大的作用不在于阿米巴报表核算数据多么准确，而在于阿米巴报表的制作者是巴长。通过经营会计报表激发巴长及其成员的经营意识，及时反映阿米巴经营状况。

第二节　阿米巴经营报表的关键内容

阿米巴经营报表一般包括三个方面的内容：

一是收入。

阿米巴单元的销售额减去返货、退货等的余额即为该单元的收入。阿米巴的收入来源于产品的销售，如果是利润巴，除了内部交易产生的销售外，还可以直接对外销售产品，这两部分的总和减去因各种原因回收产品或赔偿上游工序的金额，再减去内部采购的金额，便是本阿米巴单元的净收入。

二是各阿米巴单元在一周期内所产生的费用和成本。

阿米巴单元的成本包括原材料成本、辅料成本及人力成本（有些企业不愿意将人力成本纳入产品成本，也是可以考虑的一种方式）等。阿米巴单元的费用分成统计部分和分摊部分。统计部分指各阿米巴单元在运营过程中产生的费用，分摊部分指本阿米巴单元外的部门或集团所产生的费用需要本巴承担的部分。

三是各阿米巴单元在一周期内所产生的工时。

工时包括三部分：第一部分是本巴所产生的工时，即本巴本周期内工作人数乘以工作时间。第二部分是非本巴人员，如上级巴或总部人员所产生的工时分摊。第三部分是临时外借人员所产生的工时，或本巴人员加班所产生的工时。

对于阿米巴单元的利润如何产生，不同的巴形态、不同的订单方式各有不同。如利润巴，一般通过外延提高销售价格和销售数量提高利润，而成本巴则是通过内求降低产品的生产成本及费用，达成本巴收益。

我们先看看表 8－2，阿米巴有进账，也就是有收入，有收入就有数量、单价、产品名称、规格。

表 8－2　阿米巴经营会计报表（一）

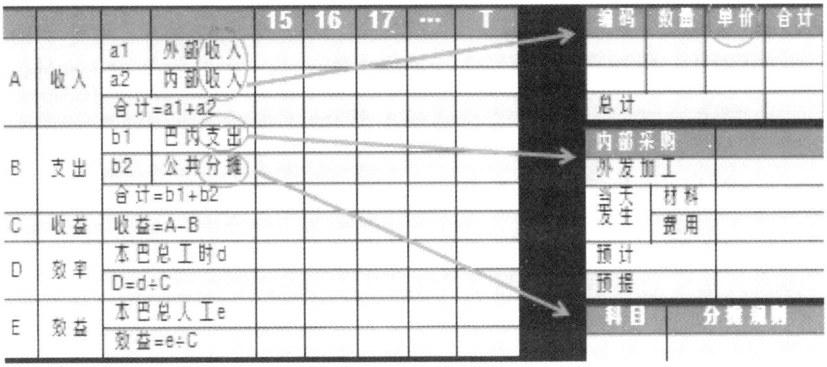

表 8－3 是整个阿米巴经营会计报表的第一级界面，当然还有二级、三级。A 收入项目里，可分为内部收入和外部收入，也就产生二级报表，即二级菜单了。

表 8－3　阿米巴经营报表（二）

				15	16	17	…	T
A	收入	a1	外部收入					
		a2	内部收入					
		合计 = a1 + a2						
B	支出	b1	巴内支出					
		b2	公共分摊					
		合计 = b1 + b2						
C	收益	收益 = A－B						
D	效率	本巴总工时 d						
		D = d ÷ c						
E	效益	本巴总工时 a						
		效益 = e ÷ C						

B 支出项目里，主要有阿米巴内部的支出和公共费用的分摊。

所以，阿米巴经营会计报表从一级菜单来讲，就是表 8 - 2 左边部分，二级菜单就是右边部分，当然右边部分可能会更多、更大，甚至还有三级、四级菜单。

比如费用，费用又分很多种，通常情况下，企业会把财务的科目做成三级或四级，就是一级菜单的科目有哪些，然后一级里面又包括二级里面的一部分，又包括三级菜单，三级菜单里面又包括四级菜单。通常情况下会把财务科目分三到四级，如果能分到五级，核算就会非常清晰，分到六级一定要借助系统，因为靠手工分到六级就不太容易。

胡博士评点：

经营会计报表可以帮助我们从战略的高度把企业看清、看透、看系统。每个阿米巴真实的经营状况如何、这个月赚了还是亏了、哪个阿米巴亏了、哪个阿米巴赚了、费用如何花的，通过经营会计报表就可以一目了然，从报表中找到问题所在，让员工看着报表进行改善。

下面是一张××股份公司的《阿米巴经营会计核算表》，供大家参考。

表 8 - 4　××股份公司《阿米巴经营会计核算表》

项　目			计算公式			
营销收益	外部收益	客户甲	A1			
		客户乙	A2			
	内部收益	阿米巴甲	A3			
		阿米巴乙	A4			
	总收益合计		A = A1 + A2 + …			

续表

项目			计算公式			
直接成本	变动费用	原材料	B1			
		配件费	B2			
		耗材费	B3			
		电费	B4			
		水费	B5			
		销售佣金	B6			
		内部购买	B7			
	固定费用	场地租金	B13			
		设备租赁	B14			
		固定利息	B15			
		公共公摊	B16			
	总成本合计		B = B1 + B2 + …			
经营毛利			C = A − B			
劳务费用	税前人工	工资总额	D1			
	公司补贴	社保总额	D2			
		福利总额	D3			
	总劳务合计		D = D1 + D2 + …			
经营纯利			E = C − D			
投入人员（个）			F			
总时间（小时）			G			
单位人均产值（元）			H = A/F			
单位时间价值（元）			I = C/G			

第三节 如何用经营会计报表透视经营状况

将阿米巴经营会计报表模板摆在面前，阿米巴领导人只需要把业绩数据填入表中即可。各个阿米巴都把各自的月度业务计划转换成具体的规划数据，用经营会计报表的形式表示，然后对比实际业务所创出的销售额和所发生的经费开支进行核算管理。

每个阿米巴根据“单位时间”指标来设定年度和月度目标，对实际业绩进行管理。阿米巴组织每个月通过准确掌握反映自身业务活动结果的附加价值，能够迅速找出问题的所在并立刻加以改进。

阿米巴运用经营会计报表对经营过程进行管理，主要有如下特点：

（1）用阿米巴经营会计报表透视经营状况。

公司经营重要的是平时就要了解现场的情况，通过详细的经营会计报表客观分析阿米巴组织的经营状况，以此开展经营。

阿米巴领导人可以随身带着经营会计报表，随时研究。通过经营会计报表，能够对产品种类、材料、制造工序、设备、生产技术及阿米巴工作气氛了如指掌。只要审读经营会计报表，阿米巴的工作情况、部门的现状及面临的问题都会一一了解。在阿米巴组织中，不需要任何人进行汇报，经营会计报表会告诉你一切。

为了对阿米巴的经营状况了如指掌，关键是如何划分经营会计报表的成本和费用项目。经营会计报表的项目比普通财务报表的统计项目详细得多，因此能够准确地把握经营现状。

（2）阿米巴领导人的工作重点是“时间”管理。

导入阿米巴经营模式的企业，销售部门和生产部门都是各自独立核算的阿米巴，因此阿米巴全体成员都会为提高附加价值、增加盈利而做出努力。

比如生产型阿米巴的核算是将生产总值计入收入，然后减去除劳务费之外的所有扣除金额，算出结算销售额。而销售型阿米巴则是把作为收入的总收益减去除劳务费之外的所有经费开支，算出结算收益。然后把计算出的结算销售额（销售部门是结算收益）除以总时间，就得出了单位时间核算。于是，销售部门和制造部门作为独立的阿米巴就可以掌握自己部门的附加价值，并努力优化该数据。

由此可见，阿米巴领导人的工作重点不是劳务费，而是提高生产能力的“时间”管理。

（3）准确掌握每天的业绩数据，迅速做出经营判断。

经营会计报表不是在月末统计当月的订单、生产、销售、经费、时间等重要的经营信息，而是每天进行统计，并迅速将其结果反馈给阿米巴成员。

巴长只有准确地掌握了每天的业绩数据，才能时刻把握计划的进展情况。如果产品订单、销售金额及产品制造等计划拖延，那么阿米巴组织就能立即采取对策使计划顺利完成。另外，如果经费开支超出了经营计划，阿米巴领导人也能迅速采取严格控制支出的措施。

通过每天检查阿米巴组织的核算情况，可以迅速做出经营判断。这种每天进行的核算管理保证阿米巴经营目标的顺利完成。

（4）努力提高工作生产率，不断增强市场竞争力。

在“人人成为经营者”的阿米巴经营模式下，阿米巴组织为了提高“单位时间核算”，时刻关注时间的重要性，营造充满紧迫感的工作氛围，并通过反复钻研创新提高劳动生产率。

现代的企业经营最重视的是速度，把如何提高时间效率看作是在竞争中取胜的关键。经营会计报表通过引入“时间”概念，使每一位阿米巴员工都意识到时间的宝贵，努力提高工作生产率。这不仅能够提高本阿米巴的核算，还能提高公司整体的生产率，进而进一步增强市场竞争力。

（5）汇总阿米巴经营数据，增强员工参与经营的意识。

各个阿米巴领导人及其成员，把经营会计报表作为掌握总体经营规划、经营业绩的重要资料，而且各阿米巴的经营数据最后会汇总成公司整体的经营会计数据。这样就逐步形成通过统计各阿米巴经营会计报表来掌握公司经营业绩的机制。公司不仅统计各个阿米巴组织的经营数据，还统计各阿米巴的总体规划、月度经营会计报表，从而计算出公司整体的计划数据。

为使整个公司共同拥有统一的经营会计报表，并以相同的标准和制度运作，全公司必须统一经营会计报表的格式。各阿米巴的经营数据汇总成公司整体的数据之后，公司领导层就能够把握正确的经营方向，并且及时通报各阿米巴及公司的业绩，可以让全体员工正确了解各阿米巴和公司的经营状况，从而增强员工参与经营的意识。

第四节　经营报表最好精确到周

阿米巴的经营报表起码有月报。如果连月报都没有，实施阿米巴是无法成立的。

传统财务会计一般以月度、季度或年度为周期，对过去一个较长周期的财务数据进行统计分析。但是阿米巴经营会计报表不一样。**阿米巴经营会计报表需要及时做出来，一般做到月报，最好能做到周报。**经营会计以天、周、月、年为周期，对短期内的经营状况数据进行统计分析，为经营者提供经营决策依据。

如果细分到下面的阿米巴，并且通过软件来抓取阿米巴的经营数据，那么做到日报也不是困难的事情。如果失去 IT 系统的支持，想通过人工来计算就比较困难了。

阿米巴周报有两个关键点：预计和预提。预计和预提能有效控制风险，如表8－5所示。

表8－5　阿米巴周报

XX巴周报				一	二	三
收入=内部收入+外部收入						
成本	本周领进材料	按实际数统计				
	场所分摊	金额÷全年工作周				
	设备折旧	金额÷全年工作周				
	预提质量损失	金额÷全年工作周	若未发生，年底转入利润			
费用	本周日常费用	按实际数统计				
	预计水电费	金额÷全月工作周	月报按实际数调整			
	公共费用分摊	金额÷全月工作周				
收益=收入－成本－费用						

（1）预计。

一家公司的生产阿米巴制作经营会计报表，假如要做到周报，那么这一个月的水电费就只能预计为2 000元。这2 000元就要分为4周，1周就是500元，在阿米巴经营会计报表里面的目标就是500元。这500元是阿米巴预计的，真正发生的事后去统计。

（2）预提。

某家公司的一个阿米巴每一年的外部质量损失成本相当于营业额的万分之一，假如阿米巴实现了1亿元的营业额，就可以预提10 000元。10 000元到底发生在哪一天、哪一天会有退货，这是无法确定的。

阿米巴只能把10 000元分配到12个月。每个月阿米巴要做周报，就分成4周，把10 000元的外部质量损失成本预提出来放到每一周，尽管这一周没有发生客户退货。

为什么要预提呢？如果阿米巴不预提、不预计，等事后再去统计，就失去了阿米巴经营会计报表的最大价值，就是及时反映经营状况，促使巴长和成员及时调整经营策略。

阿米巴经营报表就像开车的仪表盘，通过阿米巴经营周报不断提醒经营者好好经营，知道哪里做得好与不好。

第五节　从经营报表中找到问题并改善分析

阿米巴经营报表是阿米巴单元日常进行经营管理过程中，衡量阿米巴单元的各项经营性指标的报表。

阿米巴经营报表的科目格式设置比较简单，使报表使用者容易理解，也能比较清楚地反映阿米巴组织的全部收入总额和费用总额，让每一位员工都足够重视阿米巴的收入、费用和利润，也让企业高层通过阿米巴经营报表来监控经营过程。

阿米巴经营报表分为两个部分：一个是统计部分，另一个是改善分析部分，最重要的是改善分析。如表 8－6 所示。

表 8－6　阿米巴经营报表中的改善分析

		目标	实绩	差异分析	对策		责任感	实施日期	验收标志	下次会议
					临时	永久				
收入	内部收入									
	外部收入									
支出	变动部分									
	固定部分									
工时	理论工时									
	出勤工时									
人工	直接人工									
	间接人工									

QC七大手法
5W2H分析法
5WHY分析法
柏明顿分析法

	事前	事中	事后
内因			
外因			

巴长每天看阿米巴经营报表，如果实际收入大于目标收入，而且实际支出小于目标支出，就意味着今天或者本周这个阿米巴有利润。如果

没有，就要做差异分析。

阿米巴经营报表改善的部分有时候会比统计部分更重要，因为阿米巴报表的目的就在于使巴长不断地掌握经营状况，提出改善对策。

阿米巴经营报表的改善分析，有助于巴长及时应对市场变化，改善企业策略。在经营报表及大数据背后，我们要精细化分析并思考潜藏在这些公式后面的特点、特性和特征，及时发现问题，追踪问题的根源，快速形成问题解决方案。数据不是任何人都能看明白的，所以必须形成文字分析结果，准确判断企业的经营现状，帮助公司决策层准确决策。

所以，稻盛和夫说："如果不懂会计，就不能称之为合格的经营者。"

第六节　以数据反馈现场，经营报表是重要的载体

阿米巴经营模式是以经营数据为基础，经营数据可以使阿米巴经营状况具体和直观。阿米巴领导人通过经营数据很容易把握经营现状，并在此基础上短时间内进行现场沟通，及时采取相应措施，及时应对市场变化。

例如，一些导入阿米巴经营模式的企业，阿米巴领导者将年度计划、月度计划分解，得到当日计划；经营数据表都在车间的黑板上贴着；阿米巴组织每天都召开晨会，员工能够获得前一天的生产数量、经营目标达成率、单位时间核算、良品率等经营数据，同时指出当前的问题及当天的工作任务。通过数据反馈，将阿米巴经营目标和经营数据在晨会等会议上反复传达，使全体员工对数据核算非常敏感，会对负责的工作所创造的利润产生浓厚的兴趣。

如果阿米巴组织中每一个人、每一个岗位都有一张单位时间核算

表，通过单位时间核算表客观分析阿米巴经营状况，就能够对现场经营状况一目了然。各阿米巴根据年度经营目标设定月度目标和当日目标，对实际业绩进行动态管理。通过准确掌握反映自身业务活动结果的附加价值，能够迅速找出问题所在，并立刻加以改进。

第七节　阿米巴经营报表体系与范例

日本京瓷公司通过阿米巴经营会计报表中数据背后反映出的企业经营问题，由员工自我分析，并“自动自发”地拿出对应的解决方案。一系列的改善和创新由此诞生（包括营销改善、成本降低、推广优化、精益生产等），并通过每一年、每一月、每一天的不断循环往复改善做到极致。日本京瓷公司获得成功、得以快速发展、获得高利润，都与阿米巴经营会计报表紧密相关。

阿米巴组织根据经营数据反映企业的真实经营状况，制作阿米巴经营会计报表，让所有阿米巴成员都掌握每天的经营实况，能帮助阿米巴领导人即时做出决策。

（1）阿米巴经营表单体系。

阿米巴经营表单体系分为层次、内容、作用和细化等，如表8－7所示：

表8－7　阿米巴经营表单体系

层次	内容	作用	细化
总纲	报表释义辞典	定义明晰原则和释义	
一级表单	经营日报表	每天分析改善	
二级表单	经营日报详表、收入登记表、费用明细表	分类和统计明细项	

续表

层次	内容	作用	细化
三级表单	核算科目明细（生产、营销序列等）	列举明细科目	
四级表单	流程工作表单	提供数据来源	

（2）阿米巴经营报表的关键核算指标如图8－1所示：

效率指标

单位时间附加值=收入-成本-费用/总工时

效益指标

单位人力成本附加值=收入-成本-费用/总人力成本

图8－1　阿米巴经营报表的关键核算指标

（3）阿米巴经营日报表，如表8－8、表8－9所示：

表8－8　阿米巴经营日报表

项目		数据	类别			原因分析
			（1）计划业绩	（2）实际业绩	差异（2）－（1）	
			金额	金额	金额	
收入	净收入					
成本/费用	成本					
	固定费用					
	变动费用					
总成本费用合计						
创造附加值						
人力/成本	工资福利					
	培训发展					
本巴收益						
单位人力成本附加值						

表 8－9　某公司的阿米巴经营日报表

项目		科目	计算公式	类别			数据来源	原因分析	明日计划
				(1)计划业绩	(2)实际业绩	差异(2)－(1)			
				金额	金额	金额			
总出货	对外出货（签订个数）	申请类	A1						
		服务类	A2						
		佣金类	A3						
		……	A4						
		……	A5						
	对内销售	阿米巴 A	A6						
		阿米巴 B	A7						
		……	A8						
		……	A9						
	合计		A = A1 + A2 + A3… + A9						
总收入	对外销售收入	订金	B1						
		一期	B2						
		二期	B3						
		佣金	B4						
		退费	B5						
		分成	B6						

续表

项目		科目	计算公式	类别			数据来源	原因分析	明日计划
				(1)计划业绩	(2)实际业绩	差异(2)-(1)			
				金额	金额	金额			
	内部收入	阿米巴 A	B7						
		阿米巴 B	B8						
	内部采购	阿米巴 A	B9						
		阿米巴 B	B10						
	总收入合计		B = B1 + B2 + ···B8 - B9 - B10						
成本(不含人工)	固定成本	印刷制作费	C1						
		租金	C2						
			C3						
			C4						
	变动成本		C5						
			C6						
			C7						
			C8						
			C9						
			C10						
			C11						
	总成本合计		C = C1 + C2 + ··· + C11						

续表

项目		科目	计算公式	类别			数据来源	原因分析	明日计划
				(1)计划业绩	(2)实际业绩	差异(2)-(1)			
				金额	金额	金额			
人工成本(人力成本)	税前人工	工资	D1						
	福利补贴	社保	D2						
		福利	D3						
	培训与发展	培训	D4						
	总劳务成本合计		D = D1 + D2 + D3 + D4						
费用	本巴费用	办公费	E1						
			E2						
			E3						
	直接分摊费用		E4						
			E5						
			E6						
	间接分摊费用		E7						
			E8						
			E9						
	总费用合计		E = E1 + E2 + … + E9						
销售利润			F = B - C - D - E						

续表

项目	科目	计算公式	类别			数据来源	原因分析	明日计划
			(1)计划业绩	(2)实际业绩	差异(2)-(1)			
			金额	金额	金额			
投入人员(个)	巴内人员	G1						
	巴外借调	G2						
	总人数合计	G = G1 + G2						
总时间(小时)	正常时间	H1						
	加班时间	H2						
	公共时间	H3						
	借调/支援时间	H4						
	总时间合计	H = H1 + H2 + H3 - H4						
生产总值		I = A - B9 - B10						
单位人均产值(元)		J = B/H						
单位时间附加值(元)		K = (B - C - E)/H						

注:科目明细可根据每天发生的不同交易内容添加明细。

案例

柏明顿“阿米巴”咨询项目成功案例之六

柏明顿的阿米巴咨询客户中，有一家国内最大的留学中介机构，该公司成立于1999年，全国有46家全资直营分公司，全球有1 600余所合作院校，每年成功向国外输送60 000余名留学生。该公司董事长在了解阿米巴经营模式之后，认为阿米巴就是自己最期望的经营模式，决心引进。

（一）项目需求

该公司主营业务全国布局已经完成，急需在以下方面快速提升：

（1）提高区域市场份额、提升单店盈利能力（从以前追求申请人数转变为以利润为目标）。

（2）提高产品开发与产品整合、院校开发与深度合作。

（3）提高资源入口数量及资源转化率。

（4）迫切需要解决申请高峰期拥堵、客户个性化需求等问题。

（二）解决方案

（1）战略梳理、组织变革、职能定位。

战略：突出主业、兼顾辅业、放弃多元。

组织：扁平结构、做虚总部、做实分部。

（2）注重开源、利润导向、产品整合。

明确利润指标、强化产品管理、增加资源入口、促进销售实现、提高文案质量。

（3）企业平台、系统分巴、员工创业。

辅业注册公司、员工竞聘上岗、跟投成为股东、对内对外服务、股份工资分开。

主业分巴，共设立各级阿米巴113个。

（4）经营会计、多设交易、减少分摊。

预算巴分为服务与管控职能，服务部分全部定价进行内部购买，管控部分进行分摊。

运营中心、申请中心、国际发展中心均为利润巴，全部实行内部定价，服务购买。

（5）工资保底、重在奖金、超额转股。

各巴工资全部计入各巴成本，定岗、定编、定薪，年度高薪亦按集团统一标准。

奖金预提，当月发放60%，季度发放80%，年底结算20%。奖金总额上不封顶，发放最高只为工资的三倍，余额转股。

奖金余额转为本巴股份，享有分红权、资产增值权。若是公司进行资本结构调整，可按比转为公司股份。如果员工不愿意转，可以结算余额，三个月内支付完毕。

（三）项目效果

（1）原有3 000多名员工，分巴后减少了327人，约占11%，以工资、福利、费用15万元每人一年计，每年直接降低成本5 000万元左右。

（2）办公室退租一层共3 000多平方米，每年减少租金、水电费用1 300多万元。

（3）营业额和利润不断增长，员工积极性高昂。

第九章
没有激励，你做不好阿米巴

本章重点

⊙阿米巴的激励机制主要有薪酬设计、奖金设计和股权激励，如图 9－1 所示。

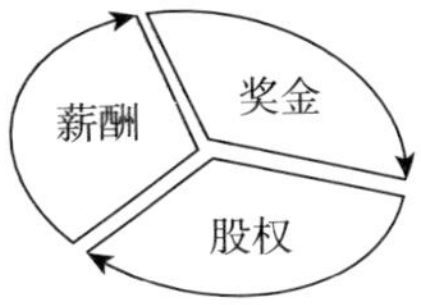

图 9－1　阿米巴的激励机制

⊙三三制薪酬设计技术：三大价值导向、三大基础工程、三大设计技术。

⊙阿米巴的奖金设计有两种：第一种是自上而下设计；第二种是自下而上设计。

⊙阿米巴股权激励方案的主要形式为：先持有本巴股份，必要时折算成公司股份。

⊙阿米巴股权激励方法：股份转让、资产增值转股、股份期权、增资扩股。

⊙阿米巴股权激励操作：现金购买、分红回填、业绩转股。

第一节　如何通过薪酬设计激励员工

没有激励，你做不好阿米巴。

阿米巴的薪酬设计，我们主要参考柏明顿开发的三三制薪酬设计技术，如图 9－2 所示：

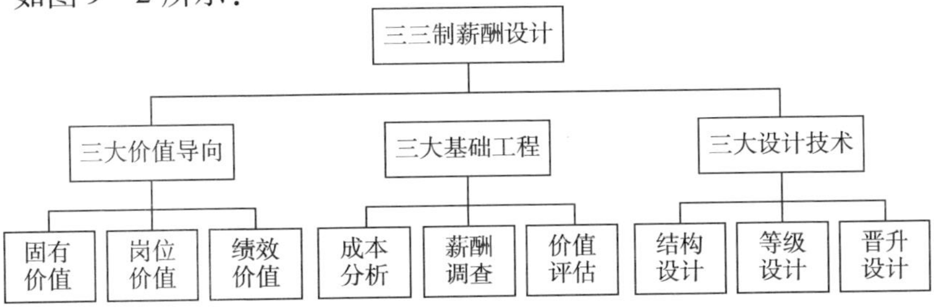

图 9－2　三三制薪酬设计

一、三大价值导向

（一）固有价值导向

固有价值也称“个人价值”，即员工个人所具有的价值，不易随着服务对象、岗位的变化而发生太大的变化，主要包括学历、专业、职称、工龄、人才来源地等方面。企业要尊重员工的固有价值部分，承认一个人的固有价值，即承认一个人对未来有积极影响的过去。这些固有价值在整体的薪酬设计结构方面应该占有一定的比例。企业想要长期发展，就要进行战略性的人力资源管理，而可观的薪酬制度是战略性人力资源管理的前提。

（二）岗位价值导向

岗位价值也称“使用价值”，即把一定量的固有价值的员工安排在某一特定的岗位上，而岗位的职责与特征是决定员工所能做出的贡献大小的基础平台。从理论上讲，岗位价值不会因为担当该岗位的责任制的不同而发生变化，它是一个相对静态的价值系数。

当一个人的个人价值大于岗位价值时，就会出现：

（1）人才浪费，或英才变成庸才。

（2）增加人力成本，或导致人才流失。

当个人价值小于岗位价值时，就会出现：

（1）员工无法全面履行职责。

（2）员工勉强履行职责，但质量或绩效不高。

（3）企业对该岗位的期望大大降低。

所以，阿米巴在招聘的时候，就要考虑个人价值与岗位价值尽量匹配，不要造成人才的浪费或是不胜任岗位，这也是科学设计薪酬体系的前提。通过合理地评价岗位价值而设计的岗位薪酬标准，不应该因为应聘该岗位人员的肤色、年龄、性别等外在因素而改变太多。

（三）绩效价值导向

绩效价值，即员工在某一特定岗位上为企业创造的价值。这个价值是否值得企业发生购买行为？因为从雇佣关系的意义上讲，员工其实也是一种商品，只不过阿米巴所购买的不是员工的身体，也不是学历、专业、职称等固有价值，而是员工在工作期间运用固有价值所创造出来的绩效。

三大价值导向为阿米巴进行人才招聘和薪酬设计提供了理论依据和科学的解释。三大价值导向的关系如图 9－3 所示。

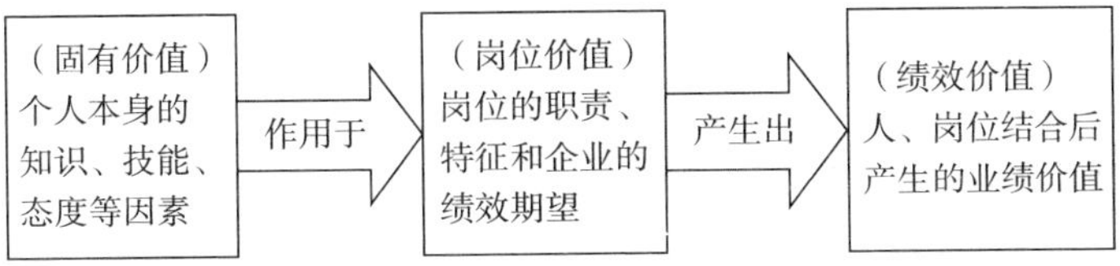

图 9－3　三大价值导向的关系

二、三大基础工程

（一）成本分析

在这里，我们主要进行人力成本分析。

1. 什么是人力成本分析

要进行人力成本分析，首先需要知道人力成本的内容。从概念上来讲，人力成本分为三个部分：

（1）标准工作时间的员工标准所得（主要是工资部分）。

（2）非标准工作时间的企业付出（即通常所说的福利部分）。

（3）人力成本的开发部分（包括内部开发和外部开发，内部开发主要指培训，外部开发主要指招聘）。

进行人力成本分析的目的一般包括：

（1）帮助企业设计能招到人的工资标准。

（2）分析人力总成本的合理性。

（3）预算和控制薪资总额或总比例（人力成本率）。

（4）有目标地提高人均效益、降低人力成本率。

人力成本率的计算公式为：人力成本率 = 当期总人力成本 ÷ 当期销售额

人力资源管理者做的许多工作，最终都需要通过财务数据来体现，如图 9 –4 所示。

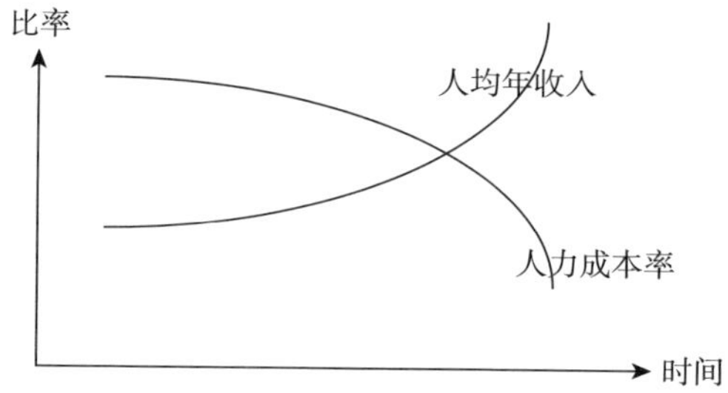

图 9 –4　人均年收入与人力成本率的变化

图中两条曲线，人力成本率是下降的，人均年收入是上升的。从企业发展的态势来看，人力成本率被要求不断下降。

2. 确定人力成本与销售额的关系

人力成本占销售额的比例到底多少才合理呢？不同的行业、企业，或者某一个企业在不同阶段都会有一定的变化，但这个变化是有规律的。我们通过若干时间的数据就可以得到一个常数，这个常数的变化不会太大。

所以，人力资源管理者经常要做的一件事情就是要注意收集有用的相关数据，把两年以前或者三年以前的数据与现在的数据对比，有进步就是好的。

3. 人力成本分析的方法

（1）历史数据推算法。计算人力成本率的方法较多，比较常用的是运用历史数据推算法得出人力成本率这个常数，因为它比较简单。

（2）损益临界推算法。

- 由财务部计算出公司损益临界点。

损益临界点 = 固定成本 ÷ 临界利益率

临界利益率 = 临界利益 ÷ 销售额

临界利益 = 销售额 − 变动成本

- 统计出现在临界点时的人力成本。
- 计算人力成本率。

人力成本率 = 临界点的人力成本 ÷ 临界点的销售额

- 劳动分配率推算法。

劳动分配率 = 人力成本 ÷ 附加值

附加值 = 销售额 − 购入值（材料 + 外加工费）

附加值率 = 附加值 ÷ （销售额 − 附加值）

人力成本率 = 附加值率 × 劳动分配率 = 人力成本 ÷ 销售额

4. 人力成本分析的比例

（1）总人力成本与销售额的比例如表 9 − 1 所示。

表 9-1　总人力成本与销售额的比例（供参考）

企业规模	总人力成本/销售额
5 000 人以上	11%
1 000 ~4 999 人	12%
300 ~1 000 人	13%
100 ~299 人	14%
30 ~99 人	15%
平均值	13%

（2）人力成本构成及比例如表 9-2 所示。

表 9-2　人力成本构成及比例

<table>
<tr><td rowspan="2">基本工资</td><td>职务工资</td><td rowspan="8">标准工作时间内工资，占 60.5%</td><td rowspan="12">每月支付工资总额 87.5%</td><td rowspan="16">支付费用总额 100%</td><td rowspan="8">假设为 100%</td><td rowspan="19">总人力成本</td></tr>
<tr><td>职能工资</td></tr>
<tr><td rowspan="6">各种津贴</td><td>职务津贴</td></tr>
<tr><td>眷属津贴</td></tr>
<tr><td>地域津贴</td></tr>
<tr><td>住房津贴</td></tr>
<tr><td>交通津贴</td></tr>
<tr><td>环境津贴</td></tr>
<tr><td colspan="2">加班费</td><td rowspan="3">工作时间以外工资占 8.5%</td><td rowspan="11">上面假设的 70%</td></tr>
<tr><td colspan="2">值日津贴</td></tr>
<tr><td colspan="2">临时津贴</td></tr>
<tr><td colspan="2">奖金</td><td>18.5%</td></tr>
<tr><td colspan="2">离职补偿</td><td>2.5%</td><td rowspan="4">其他支付 12.5%</td></tr>
<tr><td colspan="2">法定福利</td><td>5%</td></tr>
<tr><td colspan="2">法定外福利</td><td>3%</td></tr>
<tr><td colspan="2">其他</td><td>2%</td></tr>
<tr><td rowspan="3">与销售额挂钩费用</td><td>招聘费用</td><td colspan="2" rowspan="3">变数太大，因各企业情况而异</td><td rowspan="3">消耗费用</td></tr>
<tr><td>培训费用</td></tr>
<tr><td>其他费用</td></tr>
</table>

（二）薪酬调查

1. 如何进行薪酬调查

薪酬调查的主要作用是确保薪酬的外部竞争力，解决企业应该设计怎样的工资标准才能招到人的问题。

有一个简单而又经济、有效的方法——利用招聘的机会进行薪酬调查。

首先，设计好一份实用的表格，如表9－3所示。

其次，公布招聘的职位。招聘广告上列出企业想了解的每个岗位的名称及职责。

表9－3　薪酬调查统计表

调查对象	职务/职称	报告对象	工作经验	工作时间	最高学历	月薪水平				年薪总额	最近所在单位				
						固定工资	浮动工资	各类补贴	总额		单位名称	企业性质	人数规模	年销售额	所在地

2. 调查数据的处理

首先，随着招聘地点的变换可以收集到各地区不同的有关薪酬的信息，汇总这些数据，然后乘以一个权重系数。然后，企业还要根据自己的实际情况，对比某些岗位的薪酬进行实际运用前的调整。最后，形成书面报告。这是一种非常简单的调查数据处理方法。

（三）价值评估

1. 岗位评估

我们要科学合理地制定薪酬制度，绝对不要只看到岗位的固有价值。薪酬调升的主要决定因素是本人绩效的提升。

（1）评价指标体系的建立。

岗位评价不仅要明确岗位状况和工作量的差异，还要满足企业人力资源管理基础工作的需要，促进人力资源管理工作的发展。因此，必须在决定工作岗位、工作状况和工作量的众多因素中选择合适的因素，进行全面、科学的评价。

（2）评价的操作。

岗位评价的实施一般都是通过一定的标准，对所有岗位的内部比较价值进行评分，并根据价值分数的高低进行排序。

常用的岗位评价方法主要有排列法、分类法、评分法、因素比较法、国际标准职位评价系统（ISPES）、海氏职位评估系统等。

（3）评价结果数据的处理。

通过岗位评价的测定和评定工作，会得到大量的原始数据。对这些数据必须进行处理和计算，才能得到评价结果。正确地进行数据处理和计算，是取得科学评价结果的重要保证。

（4）评价数据的计算方法。

评价数据的计算，包括劳动强度和工作环境各因素测定数据分级的计算，工作责任、工作技能各因素评定等级的计算及岗位综合评价的计算。如果评价岗位很少，可以采用人工计算。若分级岗位过多，应使用计算机进行数据处理和计算。

2. 能力素质评估

首先要建立能力素质模型，其作用在于企业需要构建能力素质模型对所有岗位的员工，包括服务于同一类岗位的不同人员进行评价，而且这个评价的结果将成为他们报酬的核心因素。

模型建立的程序：

（1）定义绩效标准。根据企业发展战略及各类岗位的要求，界定各类岗位绩效优劣的标准。

（2）选取分析样本。

（3）获取有关能力素质的数据资料。

（4）建立能力素质模型。从企业使命、愿景、战略及价值观中推导特定员工群体所需的核心能力素质，再与获取的调查资料结果相结合，建立最终的能力素质模型。

（5）完善能力素质模型。通过采用回归法或其他相关的验证方法，把初步建立的能力素质标准与相应职位匹配的员工能力素质进行具体分析对比、检验，完善标准。

三、 三大设计技术

三大价值导向指明了薪酬设计的思路，三大基础工程奠定了薪酬设计的数据基础，但二者都必须最终通过薪酬设计体现在有关制度和表格上，以便于日常操作。任何科学的薪酬设计都必须包括三个方面的设计，即结构设计、等级设计和调整设计。

（一）结构设计

1. 薪酬结构设计的作用

薪酬体系具有重要的作用，它向员工传达了在组织中什么是有价值的，并且为向员工支付报酬建立起政策和程序。一个设计良好的薪酬体系直接与组织的战略规划相联系，从而使员工能够把自己的努力和行为集中到帮助组织在市场中竞争和生存的方向上去。

薪酬的特性除具有保障功能外，还应该具有激励作用，即使在总金额相等的情况下，由于结构及其比例不同，对于员工的激励就会出现“石墨与金刚石”的差距。

“高固定 + 低浮动”的薪酬结构保障作用较大，对于招人和留人有一定的好处，但不易激发员工工作的积极性。相反，“低固定 + 高浮动”的薪酬结构激励作用较大，比较容易激发员工的工作热情，但招人和留人的风险性就高了。

2. 绩效型薪酬结构及比例的设计

其实，任何薪酬结构都是由以下三部分组成的，万变不离其宗，见表 9 – 4 所示。

表 9 – 4　薪酬结构表

一级结构	个人工资（一般称资历工资）			岗位工资		绩效薪资	
二级结构	工龄补贴	学历补贴	能力薪资	岗位薪资	职务补贴	绩效薪资	各种奖金

3. 绩效工资的分配

月工资分配的计算。

（1）分配岗位工资。

计算固定薪点值：固定薪点值 = 目标年薪 ÷ ∑年薪总薪点数

年薪总薪点数 = ∑各岗位薪点数

岗位工资 = 岗位工资薪点数 × 固定薪点值

（2）分配绩效工资。

绩效工资总额 = 月薪总额 – 岗位工资总额

（3）计算部门绩效工资总额。

$$\text{部门绩效工资总额} = \frac{\text{公司绩效工资总额} \times \text{部门绩效工资薪点数总额} \times \text{部门绩效考核系数}}{\sum(\text{部门绩效工资薪点数总额} \times \text{部门绩效考核系数})}$$

（4）计算个人绩效工资。

$$个人绩效工资 = \frac{部门绩效工资总额 \times 个人绩效工资薪点数 \times 个人绩效考核系数}{\sum(个人绩效工资薪点数总额 \times 个人绩效考核系数)}$$

（5）年终奖的分配。

年终部分 = 全年部分 − 已经发放部分

（6）计算部门年终奖总额。

$$部门年终奖总额 = \frac{公司年终奖总额 \times 部门年终奖薪点数总额 \times 部门年度绩效考核系数}{\sum(部门年终奖薪点数总额 \times 部门年度绩效考核系数)}$$

（7）计算个人年终奖。

$$个人年终奖 = \frac{部门年终奖总额 \times 个人年终奖薪点数 \times 个人年度绩效考核系数}{\sum(个人年终奖薪点数总额 \times 个人年度绩效考核系数)}$$

（二）等级设计

1. 薪酬等级设计的条件

薪酬等级设计建立在两方面工作的基础上：一是岗位评价，二是根据职务等级来划分。如果没有做岗位评价，可以把行政等级乘以3，得出的数字基本等于该公司的薪等，这是一种比较简单的方法。

2. 薪酬等级设计的方法——柏明顿的“六步法”

从技术层面上讲，柏明顿的“六步法”是薪酬等级设计较为实用的方法，简单介绍如下：

第一步：确定薪等。

第二步：确定各薪等的金额。

第三步：确定各薪等金额的上下限。

第四步：确定同一薪等的薪级数。

第五步：确定薪级差额。

第六步：形成薪等薪级表。

3. 薪酬等级递增的方式

薪酬等级递增的方式一般有两种，各企业因企业文化的不同而采取不同的薪酬等级方式。

第一种：随着薪酬等级递增，薪酬额度越加越小。

第二种：随着薪酬等级递增，薪酬额度越加越大。

前一种主要是针对那些高科技含量的知识型的，要求具有比较强的创新能力和爆发能力的一类企业或岗位；而第二种是要求经验型的企业或岗位，经验越丰富价值越大，就像老中医。这些就是薪酬等级的确定。

（三）晋升设计

1. 薪酬级别的晋升

一般情况下，谈到薪酬晋升的时候，我们都会认为是薪酬级别的晋升。但当薪酬级别晋升到最高的时候，员工的薪资就没有了晋升的空间，唯一的机会就是普调。这时候，就可以运用等级工资的方式进行调整，给员工更大的晋升空间。

形成一定的制度后，让员工清楚地了解升或降的原因，这样对员工才真正具有激励作用。

2. 绩效考核结果与薪酬调整

人力资源管理者要能够做到让员工清楚以后几个月甚至一两年的工资状况。这就需要人力资源管理者提前做好一系列工作，给员工一个清晰明朗的薪酬调整制度。

3. 薪酬晋升的设计

第一步：确定调整后想要达到的薪级。

第二步：确保满足第一步的条件，即年度考核总得分。

第三步：确保满足第二步的条件，即各月考核结果等级。

第四步：确保满足第三步的条件，即各月考核得分。

第五步：确保满足第四步的条件，将绩效得分分解到各考核项目上。

先看表9－5：

表9－5　××公司销售主管绩效计划表（部分）

考核项目	最高指标	考核指标	最低指标	配分	计分方法	数据来源	考核周期
销售计划完成率	110%	95%	90%	50	略	财务部	累计叠加
货款及时回收率	95%	90%	85%	40	略	财务部	月度
销售费用率	2%	3%	4%	10	略	财务部	累计叠加

这位销售主管清楚地知道了业绩与分数的关系，剩下的就是自己去努力。尤其是销售计划的完成与货款及时回收两项，都必须超过考核指标才有可能在110分以上。

这就是薪酬的激励性：让员工明确知道绩效要求及与之对应的薪资等级。

第二节　如何通过奖金设计激励员工

阿米巴的奖金设计有两种，第一种是自上而下设计，第二种是自下而上设计，如图9－5所示：

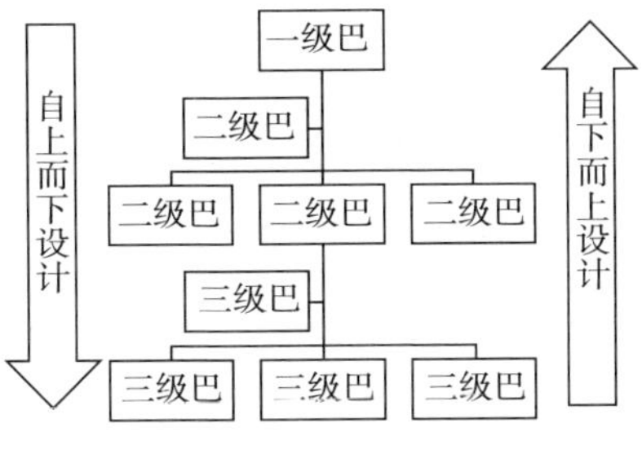

图9－5　阿米巴的奖金设计

这是两种不同的设计方向。

第一，自上而下设计。只设计上一级阿米巴的奖金总额，由其统筹下一级。

我们只设计上级阿米巴的奖金总额，下面好几个阿米巴就不管了，交给上级阿米巴巴长负责。

如一家公司进行奖金设计，做到二级阿米巴为止。那么三级阿米巴就不管了，由二级阿米巴的巴长说了算。

第二，自下而上设计。从最底层阿米巴开始设计，形成复合阿米巴。我们先设计三级阿米巴，之后设计二级阿米巴，接着设计一级阿米巴。

通常情况下，每一个上级阿米巴都包含着一个或一个以上的二级阿米巴，这就形成一个复合阿米巴。

所以，自下而上设计的时候要注意，上一级阿米巴只有确定下一级各个阿米巴都完成了一定的业绩比例，或者是整个阿米巴都完成一定业绩比例的时候，才能拿到奖金。

第三节　阿米巴股权激励方案及方法

企业导入阿米巴经营模式之后，随着公司股权的日益分散和管理技术的日益复杂化，为了合理激励阿米巴管理人员、创新激励方式，纷纷推行了股权激励机制。股权激励是一种通过阿米巴经营者获得公司股权形式给予阿米巴经营者一定的经济权利，使他们能够以股东的身份参与阿米巴决策、分享利润、承担风险，从而勤勉尽责地为阿米巴的长期发展服务的一种激励方法。

一、 阿米巴股权激励方案的主要形式

先持有本巴股份，必要时折算成公司股份。可以让阿米巴的成员先持有本巴的股份。公司有 30 个阿米巴或 100 个阿米巴，不要让员工一开始就持有公司的股份。

在一家公司里，你是这个塑料车间阿米巴的成员，就持有塑料车间阿米巴的股份，分享塑料车间阿米巴的资产和利润。你是组装阿米巴的人员，就持有组装阿米巴的股份。最后，激光电子阿米巴、塑胶阿米巴、组装阿米巴形成一个制造车间阿米巴，你持有这个部分的股权就可以了。

本巴股份在必要时折算成公司股份。股权已经给阿米巴成员了，如果公司准备上市，要么就把员工的股权抹掉，要么把阿米巴的股份转为公司的股份。每个阿米巴的股权通过它的资产折算一下，最后形成公司的股份。也就是在以前的阿米巴单元，一个员工占了 20% 的股份，但折算成公司的股份之后，可能只有 0.1% 的股份。

二、 阿米巴股权激励的方法

股权激励的方法有很多种，我们重点介绍如下几种方法：

（1）股份转让。

股份转让是通过股票的转让实现的。股票转让是指股票所有人把自己持有的股票让与他人，从而使他人成为公司股东的行为。即企业老板将阿米巴的股份以一定的价格转让给阿米巴成员。

（2）资产增值转股。

例如，这个阿米巴不可能把当年的利润全部分光，肯定有一部分的

利润要转到第二年的资产中，那么这部分增值的资产也可转换为公司股份。

（3）股份期权。

期权激励是对员工进行长期激励的一种方法，是股权激励的一种典型模式。

通过在公司中进行有关股票期权计划的尝试，以期更好地激励阿米巴经营者、改善治理结构。

期权激励的授予对象主要是阿米巴的高级管理人员，因为这些员工在公司中举足轻重。他们掌握着阿米巴的日常决策和经营，是激励的重点。另外，阿米巴的技术骨干也是激励的主要对象。比如一个阿米巴今年的利润目标是 1 000 万元，如果利润在 1 000 万元以上，而且是三年连续增长，那么公司就给这个阿米巴 10% 的股份。

（4）增资扩股。

增资扩股是指阿米巴向社会募集股份、新股东投资入股或原股东增加投资扩大股权，从而增加阿米巴的资本金。

如果一个阿米巴的资产是 1 000 万元，巴长要跟投，投多少呢？至少 10%，100 万元。阿米巴的资产就由以前的 1 000 万元再加上巴长的 100 万元，变成 1 100 万元了。

三、操作：现金购买，分红回填，业绩转股

股权激励员工的核心：用明天的财富激励今天的员工；用社会的财富激励自己的员工。

诚然，股权激励是非常重要的长期激励手段，但是采取了不合适的方法，也会带来无尽的烦恼。阿米巴在实施股权激励时，应该明确实行

激励计划的目的，透彻分析阿米巴内外部的情况，从而选择最佳的激励方式。

案例

海尔推出股权激励，让员工成为经营者

近年来，海尔集团持续深化人单合一双赢模式，逐渐将海尔转型为一个创业平台、生态系统。同时，海尔也以股权激励等方式激发员工积极性，通过广大一线员工从下至上了解、满足用户需求，并凭借由此实现的精准营销推动公司业绩稳定增长。

海尔推出了股权激励计划，为公司董事、高级管理人员、公司及子公司核心技术（业务）人员戴上“金手铐”。通过人单酬表实现了组织绩效和个人绩效的有机连接，以人单合一的机制激发员工的创新力，从原来的被动接受组织的指令到每个人都是经营者，并形成直面市场的自组织，即自主经营体。

海尔的股权激励方案建立了以公司、股东与员工利益一致性为基础的长效管理机制，有利于促进公司持续健康的发展，为股东带来更高效、更持续的回报。同时，充分调动激励对象的积极性；促进网络化战略发展目标的实现：支持利共体的创建、升级、达标，使激励对象的行为与公司的战略目标保持一致。

第十章
建立“内部市场化”运作机制

本章重点

⊙从交付到交易是企业建立内部市场机制的标志。

⊙更适合内部市场化企业的特点有：在业务性质、业务链条组织方式、产品特点等方面适合内部市场化或内部核算制；业务高层具有较强的控制力与推动力；组织内部管理机制完善；经营管理人才相对充裕；形成卓越的企业文化。

⊙阿米巴如何传递压力：阿米巴构建内部市场，使内部市场和外部市场有效对接。

⊙内部市场化管理机制内容包含：阿米巴经营单元绩效的考核与控制；管理信息系统的建立；内部市场规则的制定；内部市场中的兼并与转移；孵化内部企业家。

⊙内部市场化的运作原则：正确划分阿米巴组织；更新管理技术；合理制定内部市场规则；有效调控全局。

第一节　阿米巴内部交易为什么发生

内部定价交易，实现阿米巴单元独立核算。由于内部定价交易作为各个阿米巴协作的纽带和运营数据信息的汇集点。透过这些像玻璃一样透明的公开交易活动，阿米巴成员更容易找到参与经营的存在感。

阿米巴交易为什么发生，主要基于两点：

第一，交易源于阿米巴之间的分工。

交易源于阿米巴之间的分工。分工是人类发明提升整体生产力的最佳方式，也是企业投入产出最大化的必由之路。导入阿米巴经营模式的企业，划分出了若干个阿米巴，引发了阿米巴分工的爆炸式增长，以至于一件衣服或一个电子产品都包含在产业链中，阿米巴组织从自己的分工角度参与它的制造或服务。

在企业中，每个人参与分工有两种形式：一是直接分工，即自己通过产品或服务并与内部市场中的买方直接交易，获取报酬，即内部创业。二是间接分工，即按照特定组织内的角色分工要求完成相应的劳动，个人交付的是合乎要求的劳动，不直接向市场提供产品，即就业。

交付产品或服务，员工有的是打工者心态；交易产品或服务，员工具备的是经营者心态；而阿米巴经营模式倡导的是“人人成为经营者”。

实际上分工导致交易还有一个因素，就是劳动者享有其劳动所得。阿米巴自主经营、独立核算，阿米巴成员的努力程度将决定其收入水平，以此激励其付出更多的劳动。一方阿米巴想消费另一方阿米巴所拥有的东西必须通过等价交换，因而阿米巴内部交易制度就产生了。

第二，阿米巴交易塑造了企业平台化发展。

阿米巴组织通过交易、劳动的增值被实现，即创造了利润。阿米巴组织对利润的追求加速了交易的发展。

企业平台化由分工推动，并由交易塑造。企业通过去层级化、去中心化手段，强化公司“长板”的核心竞争力，将业务平台化、人才创客化，从而打造整合纵向、横向资源的无边界组织。

其主要收益：平台可以无边界发展，做大企业；快速且安全地发展；扬长避短而非取长补短；顺应互联网潮流，顺势者昌；多做经营，极大地减少了管理成本。

第二节 阿米巴交易与内部市场化

内部市场化是实现“强化管理、降本增效”的关键性支撑力量，是企业管理思想和管理方式的一次变革。企业导入阿米巴经营模式，在企业内部模拟和创造一个市场体系，就是要改变过去行政管理的老套模式，把企业的生产流程、生产经营过程变成市场结算的过程，从而激发员工创造价值的活力，提升企业盈利的能力。

企业内部也是各种合约与交易的组合，最终目的也是为了降低交易成本。当然企业内部市场化一定要是平等交易，阿米巴经营者与员工各自寻求长期利益最大化。

以我们所提供咨询服务的一家公司为例。

N集团公司是一家电子制造企业。该集团公司整体工作虽然保持平稳健康发展，但由于多种因素的影响，生产经营遇到了前所未有的困难、压力和挑战。

从市场形势看，产品价格仍在低谷徘徊，订单逐渐减少。在市场环境无法改变的情况下，必须主动利用危机倒逼机制深挖内潜、管理创新，培育低成本竞争优势。

从管理机制看，在严峻的市场形势面前，集团公司层级过多、机制不活、职责不清、效率低下等大企业病突显。企业虽然处在决定生死存亡的竞争环境中，但内部管理未与外部市场接轨，市场信息不能很好地传递到生产经营的各个环节，动力不足、活力不强，导致企业和员工压力不够，难以及时有效地适应外部环境变化。为此，集团公司实施了管理体制机制改革，包括内部市场化建设，着力理顺关系、清晰职能、提高工作效率，主动适应市场竞争要求。

从经济运行看，2016 年以来，集团公司产品产量、营业收入、利润总额等指标同比虽然均有一定幅度的增长，但与全年力争指标相比还有较大差距，尤其是利润指标差距很大，经营形势不容乐观。

在复杂严峻的形势下，与其怨天尤人不如全力以赴，与其被动应对不如迎难而上。所以，企业要以积极进取、主动作为的精神，通过导入阿米巴经营模式，实现内部市场化建设，传递市场压力，挖掘内部潜力，激活内生动力，提升竞争实力。

第三节　哪类企业更适合内部市场化

什么样的企业更适合内部市场化？这个问题没有十分准确的答案，根据阿米巴经营管理咨询及培训经验，具有以下特质的企业，实行内部市场化成功率更高一些。

第一，企业在业务性质、业务链条组织方式、产品特点等方面适合采用内部市场化或内部核算制。

第二，企业高层具有较强的控制力与推动力。由于内部市场化可能导致事业体之间的相互扯皮、内部交易成本上升，而强势的领导可以直接决策，从而减少这种现象的发生，或者遇到这些情况的时候快速决策，从而避免时间上的损失。

第三，组织内部管理机制完善，包括预算、考核、成本管理、项目管理等都有非常清晰的制度、标准和规范，甚至包括信息系统。这样的企业开展内部市场化，管理上的成本增加相对可控，员工也有管理基础，容易接受。

第四，经营管理人才相对充裕，不会导致本来拮据的人才由于分割成多个阿米巴单元而更加捉襟见肘，影响企业对外的整体竞争力。

第五，形成卓越的企业文化，整个管理团队彼此了解，对于事业有共同的追求，或者管理者具有较高的职业素养，大家都会以公司利益为重，不会由于管理模式的变化而形成小圈子、小利益群体。

总体来看，实施内部市场化成功的企业都是在这五个方面的某些部分特点突出的企业。

第四节　阿米巴如何传递压力

内部交易是阿米巴经营模式中的一个重要环节，通过内部交易，使企业内部上下道工序之间以价格为纽带，以服务和产品进行等价交换，统一结算交易。通过内部交易行为，可以掌握各个阿米巴单元的盈亏状态。

一、阿米巴构建内部市场

内部交易同市场交易一样，将产品卖给下一道工序，上下工序之间讨价还价，最终达成内部交易。比如采购的商品要卖给生产部门，生产部门的产品要卖给销售部门，销售部门的产品要卖给客户，其中的过程就是内部交易。

以原料调配部门为例，该部门为一个独立阿米巴组织，自主经营、独立核算，如同一个独立运作的小企业。它可以向内部供应商低价购进原料，再将调配好的原料提供给内部客户。钱货两清就算是实现了销售。

两个阿米巴之间进行交易就像两个小企业之间的经营一样，上一个阿米巴生产的产品卖给下一个阿米巴，通过内部交易进行独立核算。如果外部营销接到的订单价格下降了，这个价格会直接传到内部市场，营销传到生产，生产传到原料，再传到采购都要求降价。因为双方之间都有买卖关系，大家都需要对自己的利润负责，所以一层一层传下去，市场压力就传到了企业内部。

同时，企业实施内部市场化管理，可以将生产经营过程中产生的费用收益计算到自己的组织中，将单纯的行政管理变成阿米巴的经费管理，即员工的薪资收入应大于价格的结算收入减去总支出，否则自己的阿米巴就亏损了。也就是说，阿米巴组织里的支出经费多，收入就会变少，支出的经费少，收入就会变多。这就需要各个阿米巴努力节省各项开支。

除此以外，通过内部市场化管理能够让企业内部的资源合理流动，如人才流动。每个经营组织需要根据成本最小和利润最大的原则进行劳动组织优化，组织生产量小、人员多是不行的，需要自行下岗分流，需要去人员少生产量大的组织上岗，这就实现了人才流动。

二、 内部市场和外部市场有效对接

内部市场和外部市场有效对接，才是做好内部市场的本质。在导入阿米巴经营模式的过程中，企业着重解决“为什么导入阿米巴”和应该“如何借助阿米巴创造高收益”的问题，将外部市场的这种压力传递给每一个员工，调动员工岗位创造价值的积极性。同时，制定各专业管理办法，发挥制度约束人和激励人的作用，保障内部市场有序运行，实现利润和成本双管控。

实行内部交易需要注意，即在内部交易开展之前需要形成“敬天爱人”的经营哲学，管理者需要具有“利他之心”，不能为了本阿米巴的利益而与其他阿米巴产生严重的利益冲突。导入阿米巴经营模式，目的就是让企业的整体利益最大化。

第五节 分而不乱：如何建立内部市场化管理机制

内部市场化是企业的组织与管理创新，以提高对市场的快速反应能力。在企业的内部整合中有一个重要方向，就是实行企业内部市场化管理。

一、导入阿米巴经营模式和管理理念

企业内部市场化是以分权管理理论为依据，在企业内部实行市场机制的一种新型管理模式。因此，在塑造这一新机制时，要导入阿米巴经营模式和管理理念。

第一，分权管理思想。企业管理者特别是大型企业的高层领导者，要改变事必躬亲的管理思想和集中管理的思维方式，通过适当放权，给予下属充分的自主权，从而把高层管理者从事必躬亲中解放出来，而去考虑更长远的战略问题。

第二，全员经营思想。企业需要做到以人为本，真正关心员工、信任员工，并给予员工充分的经营权力。内部市场化作为一种管理机制，要发挥员工的主观能动性，通过企业全员经营，使员工“责权利”高度统一。

第三，客户满意思想。内部市场化就是将外部市场的竞争机制引入

企业内部，内部客户满意才能最终使外部客户的满意。每个阿米巴单元必须让自己的客户满意，这样才能生存和发展，否则就会被内部市场淘汰。

二、建立内部市场化管理机制

内部市场的建立是为了适应复杂变化的商业环境，内部市场的建立需要用新的管理思想和管理方法加以解决，主要包括以下几个方面：

（1）阿米巴经营单元绩效的考核与控制。

阿米巴创立的基本条件是其绩效的可核算性，按照“工作流程”或“任务”划分阿米巴，具有很强的自治性。企业主管不再干预内部的经营管理活动，重点在于对其绩效的核算与控制，协调它们之间及它们与外部市场之间的关系。协调的目的在于保证企业整体发展的优化。因此，需要制定考核评价的指标、标准、方法和手段，正确确定各阿米巴的权利和义务。

（2）管理信息系统的建立。

阿米巴经营单元绩效的核算与控制，需要借助现代信息与通信技术，建立起适用于内部市场的管理信息系统。

（3）内部市场规则的制定。

内部市场的买卖关系如同外部市场的买卖关系一样，是自觉自愿的，但也需要共同的指导原则。例如，阿米巴单元往往注重自身利益，表现出“短期行为”，各阿米巴单元为了争夺资源和利益分配权，还会产生大量的冲突。这就要求企业管理者必须制定出内部市场规则，比如交易程序、交易方法、交易计价、交易限制和交易保护等制度。

（4）内部市场中的兼并与转移。

当外部交易成本高于内部阿米巴生产费用时，该种产品的生产就适宜通过兼并内部化。同时，现代商业环境的不确定性（风险性）也要求市场内部化，以此为交易提供一个内部保障场所。另外，生产的专业化和信息通讯的便捷化降低了交易成本，使得某些产品的生产更适宜外部化。内部市场中的兼并与转移的结果，将使企业的产权关系进一步复杂化、多样化。企业内部阿米巴单元之间的关系及它们与外部的关系将变得更加密切，这就要求企业必须不断地评估内部结构，调整企业的发展目标。

（5）孵化内部企业家。

实行内部市场的企业，要求巴长成为内部企业家，这就给予了员工发挥自己聪明才智的机会。为了支持这种变革，企业必须成为内部企业家的孵化器，培养年轻人成长，允许阿米巴单元根据环境条件的变迁，直接、迅速地联合，形成新的商业生长点，在充分利用有限资源的条件下，保持企业内部较大的开放性、动态性。

三、成立阿米巴单元，再造利润中心

（1）职能部门成为“内部咨询企业”。

将企业原有负责物流、人力等供给的部门，转化为利润中心，服务于本公司其他公司的顾客。原有的企业内部供需关系转化为自由买卖的交易关系，从而对双方都产生竞争压力。例如，IBM 就把人力资源部转变为一种称为“劳动解决器”的自治业务单位，每年为公司节约几百万美元，同时它还将劳务输出到其他公司。这种变革带来的最重要的变化是，每项人事活动的花费都受到用户控制，这就改变了传统层级组织中自上而下的控制程序。

（2）生产制造部门成为一个服务机构。

内部市场概念也可以用来解决生产部门的问题。比如先进的生产设备效率很高，其生产费用也较高。生产能力不足或过剩，是车间适应市场需求的结果，因而难以实现均衡生产。如果把企业的生产部门当成一个服务机构，既为内部顾客也为外部顾客生产产品，这样就能部分地解决这些问题。IBM、DEC 等公司都把多余的生产能力，通过合同方式卖给其他公司，包括卖给竞争对手。

（3）研发部门转变为阿米巴。

现在企业科研部门存在的问题是如何调动科研人员的积极性和创造性，充分挖掘本单位的科技潜力，内部市场这一概念有助于解决这类问题。

（4）生产过程末端的营销、用户服务等部门，也可以转化为负责分销的营销阿米巴。

由这些阿米巴把握企业产品的全部销售任务，提供单个业务单位所不能提供的服务。

四、 内部市场化的运作原则

（1）正确划分阿米巴组织。

内部市场化的核心内容就是在企业内部引入市场机制，而原各部门和单位则作为内部市场的主体。那么，如何确立企业的各阿米巴单元呢？基本原则是各部门和单位的绩效具有可核算性、可衡量性，即各阿米巴能够确定其工作的成本与收入。在具体确定阿米巴单元时，可依据原企业的工作流程或工作任务，并充分考虑企业的生产经营特点及各部门的经营状况。

（2）更新管理技术。

企业内部市场化增大了最高管理层协调与监控的难度，尤其是在利润中心确立后，信息的收集、整理、过滤、传送及各阿米巴的核算等工作，都需要企业管理技术系统的支持。

（3）合理制定内部市场规则。

为防止部门利益损害整体利益及各阿米巴争夺企业资源，必须明确内部市场的交易规则。制定内部市场规则要按照企业整体战略要求，以企业整体利益最大化为标准，同时要求综合考虑内部公司的特点。在内部市场规则制定后，执行与检查仍旧是一项重要任务。企业最高管理层要通过对执行情况的检查来调控各阿米巴。

（4）有效调控全局。

最高管理层为保证企业整体利益的最大化，必须保留对各阿米巴单元的监督权和调控权，既用企业文化规范和引导内部企业及其员工的行为，又运用内部价格、内部审计、内部破产兼并等手段，对阿米巴进行有效监督和调控，保证企业“分而不乱”。

附表：

表 10－1　阿米巴组织与集团内部相关部门对接事项

阿米巴：

No.	对接部门	对接事项	对接规定
一、与销售的对接			
1	市场部	新产品推广	1. 阿米巴组织提供新产品介绍文字与图片，市场部设计制作宣传资料，阿米巴组织确认 2. 市场部统一进行品牌宣传和网络推广，阿米巴组织若有零售产品需要开设窗口，则由阿米巴组织申请
2		参展	1. 参展事宜由市场部统一安排，阿米巴组织可向市场部提出参展申请，市场部组织的参展需知会事业部，由阿米巴确定是否参加 2. 阿米巴提供产品介绍，市场部负责联系参展主办单位、展位设计等 3. 阿米巴分摊展会相关费用 4. 若是阿米巴专场则全部由阿米巴承担费用，可申请市场部协助

续表

No.	对接部门	对接事项	对接规定
3	客户部	新客户开发	1. 海外办接到的新客户信息属于阿米巴原有业务范围的，可直接与阿米巴联系，并且共同开发 2. 新客户信息不属于阿米巴原有业务范围的，阿米巴提出申请，经总裁审批同意，可与海外办共同开发 3. 阿米巴和客户部共同开发的客户，阿米巴将佣金交给集团，集团按规则分配给客户部或其业务员 4. 双方合作开发的客户，开发期内产生的费用各自承担 5. 阿米巴成立之后，双方共同开发的客户，销售额记入集团营销中心，也记入阿米巴，最后财务进行年度统计时只记一笔即可
4	营销中心	新客户开发	1. 阿米巴之间的业务介绍，佣金由阿米巴之间结算 2. 接受佣金的阿米巴再与本阿米巴的业务员结算
			1. 阿米巴与营销中心的业务介绍，由阿米巴与公司结算 2. 公司再与接受佣金的营销中心或业务员结算
二、与产品生产部门的对接			
5	制造中心	工人借调	1. 阿米巴与制造中心之间借调工人、现场管理人员，按日薪计 2. 借调人员书面资料交 HR 中心、财务中心备案，并依此结算
6		内部 OEM	按 BOM 表的制造费用转单核算加工费用
7	资材中心	一级物料采购	1. 一级物料由阿米巴自行采购，可直接向集团的合格供应商下单 2. 阿米巴有权开发新的供应商，但需向策略采购部门申请，遵守供应商评审流程。新开发的供应商获得供应资格后，才能向其采购
8		半成品采购	1. 半成品是指集团内部关联公司提供的产品 2. 半成品的采购方式为：阿米巴通过下单给消费电源资材中心采购。资材中心作为阿米巴订单接口单位，视同阿米巴的供应商，由资材中心统一协调生产、交货 3. 半成品的原材料，阿米巴寻找到市场采购价格低于消费电源采购价格的新供应商时，经相关流程评审合格后，可以要求关联公司对应的半成品降价 4. 如果半成品的原材料采用终端客户的合约价格，那么价格降低时，半成品的价格必须相应降低 5. 如材料价格变动，集团资材中心要提前与阿米巴协商，并得到阿米巴的认可，否则按未变动之前的价格结算 6. 半成品的原材料，属阿米巴专用或采购周期过长，需要做特别储备的，由阿米巴确认，计算阿米巴的资金占用
9		设备采购	1. 阿米巴提出需求，可以推荐供应商和选型，集团统一采购 2. 阿米巴承担该设备的分摊成本和该设备的资金使用费用
10		工装治具购买	1. 阿米巴可直接向供应商采购工装治具 2. 阿米巴共享供应商资源（如与供应商合作的关系/合同/价格）等 3. 如需变更现有的工装治具供应商，则需遵守供应商变更流程

续表

No.	对接部门	对接事项	对接规定
11	工程中心	仪器校检与共用	阿米巴的设备、仪器、量具等校检由消费电源相关部门提供服务 服务成本由阿米巴做好年度预算，从阿米巴划拨给服务单位 QE、检测中心的设备、仪器、量具等可让阿米巴免费使用
12		材料认可	阿米巴负责独立采购的一级材料的认可 阿米巴向消费电源采购的材料、半成品等由消费电源认可
13	质管中心	来料检验	阿米巴负责独立采购的一级材料的来料检验 阿米巴向消费电源采购的材料、半成品等由消费电源来料检验 阿米巴用到的场地、人员、设备、仪器等单独分开
14		质量体系	阿米巴按品质/环保体系作业，阿米巴有权根据实际需求修改作业方法、三级和四级程序文件，修改后需向相关部门备案
15	配合问题	关联交易的规则	相关部门提供给阿米巴的半成品、通用料等，因为质量、交期等影响阿米巴正常生产时，须向阿米巴赔偿
三、与研发的对接			
16	研发中心	信息共享	1. 新的工艺、标准化资料、工程自动化信息、安规信息、材料环保信息等文件资料共享 2. 研发提供专门的窗口以便阿米巴信息传递（如来料技术要求、品质规范等）和新产品认可 3. BOM 变更双方信息共享
17		工程仓共用	阿米巴与其他部门共用工程仓，常用料对阿米巴开放，战略库存也通过工程仓处理，阿米巴领料后月底按成本价统一过账
四、与 IT 的对接			
18	IT	电脑保养	IT 部负责对阿米巴使用的电脑进行维护和故障解除
19		SAP 流程梳理	IT 部帮助阿米巴建立相应的管理模块和账号，并辅导操作
20		流程扩展	对于阿米巴独立的需求，要求在 SAP 系统外扩展辅助流程做管理，IT 部可以报价，对阿米巴做有偿服务
五、与行政人资的对接			
21	行政	总务、后勤	阿米巴的食宿后勤外包给消费电源行政部，按现行模式不变
22	人资	人资	1. 人事档案由集团统一管理。劳动合同由阿米巴签名、集团盖章 2. 阿米巴有权自行招聘部长级以下的人员，也可以委托人资总部招聘，分摊招聘费用 3. 阿米巴新员工入职培训统一由人资总部负责，新员工的作业技能培训由阿米巴负责 4. 阿米巴人员的考勤纳入集团考勤系统，由集团统一管理 5. 牵涉劳动纠纷等对外事务时，由集团负责处理，事业部配合

阿米巴产品系列

《阿米巴策略班》

授课对象：董事长、CEO、总裁

授课地点：全国 30 多个城市

授课频次：100 场次/月

课程核心价值：

（1）了解并认知阿米巴经营模式。

（2）掌握中国企业如何运用阿米巴经营模式创造高利润，实现业绩倍增。

（3）阿米巴经营中国落地案例解析。

《阿米巴实操班》

授课对象：总经理、财务总监、企划总监

授课地点：上海、青岛、杭州、广州

授课频次：1 次/月

课程核心价值：

（1）讲解：导师讲解阿米巴分、算、奖的设计技术与实施要点，让学员全面了解方法与工具。

（2）案例：导师剖析柏明顿实施的各行各业的咨询案例，加强学员对各个技术要点的理解。

（3）练习：学员结合自己企业的实际情况来做分、算、奖练习，导师一一点评，彻底掌握技术。

《阿米巴 VIP 落地班》

授课对象：总经理、财务总监、部门经理

授课地点：企业内部

授课频次：1 次/季

课程核心价值：

（1）讲解：导师讲解阿米巴分、算、奖的设计技术和案例。

（2）实操：学员在导师提供工具或软件的帮助下，完成组织划分、定价交易、奖励规则方案。

（3）辅导：每家听课企业匹配一位实战经验丰富的资深顾问，辅导完成整体方案，满载而归。

1120 本土管理实践与创新论坛

这是由100多位本土管理专家联合创立的企业管理实践学术交流组织，旨在孵化本土管理思想、促进企业管理实践、加强专家间交流与协作。

论坛每年集中力量办好两件大事：第一，"**出一本书**"，汇聚一年的思考和实践，把最原创、最前沿、最实战的内容集结成册，贡献给读者；第二，"**办一次会**"，每年11月20日本土管理专家们汇聚一堂，碰撞思想、研讨案例、交流切磋、回馈社会。

论坛理事名单（以年龄为序，以示传承之意）

首届常务理事：

彭志雄　曾　伟　施　炜　杨　涛　张学军　郭　晓
程绍珊　胡八一　王祥伍　李志华　陈立云　杨永华

理　　事：

卢根鑫　王铁仁　周荣辉　曾令同　陆和平　宋杼宸　张国祥　刘承元
曹子祥　宋新宇　吴越舟　吴　坚　戴欣明　仲昭川　刘春雄　刘祖轲
段继东　何　慕　秦国伟　贺兵一　张小虎　郭　剑　余晓雷　黄中强
朱玉童　沈　坤　阎立忠　张　进　丁兴良　朱仁健　薛宝峰　史贤龙
卢　强　史幼波　叶敦明　王明胤　陈　明　岑立聪　方　刚　何足奇
周　俊　杨　奕　孙行健　孙嘉晖　张东利　郭富才　叶　宁　何　屹
沈　奎　王　超　马宝琳　谭长春　夏惊鸣　张　博　李洪道　胡浪球
孙　波　唐江华　程　翔　刘红明　杨鸿贵　伯建新　高可为　李　蓓
王春强　孔祥云　贾同领　罗宏文　史立臣　李政权　余　盛　陈小龙
尚　锋　邢　雷　余伟辉　李小勇　全怀周　初勇钢　陈　锐　高继中
聂志新　黄　屹　沈　拓　徐伟泽　谭洪华　崔自三　王玉荣　蒋　军
侯军伟　黄润霖　金国华　吴　之　葛新红　周　剑　崔海鹏　柏　龑
唐道明　朱志明　曲宗恺　杜　忠　远　鸣　范月明　刘文新　赵晓萌
张　伟　韩　旭　韩友诚　熊亚柱　孙彩军　刘　雷　王庆云　李少星
俞士耀　丁　昀　黄　磊　罗晓慧　伏泓霖　梁小平　鄢圣安

企业案例·老板传记

	书名．作者	内容/特色	读者价值
企业案例·老板传记	**娃哈哈区域标杆：豫北市场营销实录** 罗宏文　赵晓萌　等著	本书从区域的角度来写娃哈哈河南分公司豫北市场是怎么进行区域市场营销，成为娃哈哈全国第一大市场、全国增量第一高市场的一些操作方法	参考性、指导性，一线真实资料
	像六个核桃一样：打造畅销品的36个简明法则 王　超　范　萍　著	本书分上下两篇：包括“六个核桃”的营销战略历程和36条畅销法则	知名企业的战略历程极具参考价值，36条法则提供操作方法
	六个核桃凭什么：从0过100亿 张学军　著	首部全面揭秘养元六个核桃裂变式成长的巨著	学习优秀企业的成长路径，了解其背后的理论体系
	借力咨询：德邦成长背后的秘密 官同良　王祥伍　著	讲述德邦是如何借助咨询公司的力量进行自身 与发展的	来自德邦内部的第一线资料，真实、珍贵，令人受益匪浅
	解决方案营销实战案例 刘祖轲　著	用10个真案例讲明白什么是工业品的解决方案式营销，实战、实用	有干货、真正操作过的才能写得出来
	招招见销量的营销常识 刘文新　著	如何让每一个营销动作都直指销量	适合中小企业，看了就能用
	我们的营销真案例 联纵智达研究院　著	五芳斋粽子从区域到全国/诺贝尔瓷砖门店销量提升/利豪家具出口转内销/汤臣倍健的营销模式	选择的案例都很有代表性，实在、实操！
	中国营销战实录：令人拍案叫绝的营销真案例 联纵智达　著	51个案例，42家企业，38万字，18年，累计2000余人次参与……	最真实的营销案例，全是一线记录，开阔眼界
	双剑破局：沈坤营销策划案例集 沈　坤　著	双剑公司多年来的精选案例解析集，阐述了项目策划中每一个营销策略的诞生过程，策划角度和方法	一线真实案例，与众不同的策划角度令人拍案叫绝、受益匪浅
	宗：一位制造业企业家的思考 杨　涛　著	1993年创业，引领企业平稳发展20多年，分享独到的心得体会	难得的一本老板分享经验的书
	简单思考：AMT咨询创始人自述 孔祥云　著	著名咨询公司（AMT）的CEO创业历程中点点滴滴的经验与思考	每一位咨询人，每一位创业者和管理经营者，都值得一读
	边干边学做老板 黄中强　著	创业20多年的老板，有经验、能写、又愿意分享，这样的书很少	处处共鸣，帮助中小企业老板少走弯路
	三四线城市超市如何快速成长：解密甘雨亭 IBMG国际商业管理集团　著	国内外标杆企业的经验＋本土实践量化数据＋操作步骤、方法	通俗易懂，行业经验丰富，宝贵的行业量化数据，关键思路和步骤
	中国首家未来超市：解密安徽乐城 IBMG国际商业管理集团　著	本书深入挖掘了安徽乐城超市的试验案例，为零售企业未来的发展提供了一条可借鉴之路	通俗易懂，行业经验丰富，宝贵的行业量化数据，关键思路和步骤

互联网＋

	书名．作者	内容/特色	读者价值
互联网＋	**互联网时代的银行转型** 韩友诚　著	以大量案例形式为读者全面展示和分析了银行的互联网金融转型应对之道	结合本土银行转型发展案例的书籍
	正在发生的转型升级·实践 本土管理实践与创新论坛　著	企业在快速变革期所展现出的管理变革新成果、新方法、新案例	重点突出对于未来企业管理相关领域的趋势研判
	触发需求：互联网新营销样本·水产 何足奇　著	传统产业都在苦闷中挣扎前行，本书通过鲜活的案例告诉你如何以需求链整合供应链，从而把大家熟知的传统行业打碎了重构、重做一遍	全是干货，值得细读学习，并且作者的理论已经经过了他亲自操刀的实践检验，效果惊人，就在书中全景展示
	移动互联新玩法：未来商业的格局和趋势 史贤龙　著	传统商业、电商、移动互联，三个世界并存，这种新格局的玩法一定要懂	看清热点的本质，把握行业先机，一本书搞定移动互联网

续表

互联网+	**微商生意经：真实再现33个成功案例操作全程** 伏泓霖　罗晓慧　著	本书为33个真实案例，分享案例主人公在做微商过程中的经验教训	案例真实，有借鉴意义
	阿里巴巴实战运营——14招玩转诚信通 聂志新　著	本书主要介绍阿里巴巴诚信通的十四个基本推广操作，从而帮助使用诚信通的用户及企业更好地提升业绩	基本操作，很多可以边学边用，简单易学
	今后这样做品牌：移动互联时代的品牌营销策略 蒋　军　著	与移动互联紧密结合，告诉你老方法还能不能用，新方法怎么用	今后这样做品牌就对了
	互联网+"变"与"不变"：本土管理实践与创新论坛集萃．2016 本土管理实践与创新论坛　著	本土管理领域正在产生自己独特的理论和模式，尤其在移动互联时代，有很多新课题需要本土专家们一起研究	帮助读者拓宽眼界、突破思维
	创造增量市场：传统企业互联网转型之道 刘红明　著	传统企业需要用互联网思维去创造增量，而不是用电子商务去转移传统业务的存量	教你怎么在"互联网+"的海洋中创造实实在在的增量
	重生战略：移动互联网和大数据时代的转型法则 沈　拓　著	在移动互联网和大数据时代，传统企业转型如同生命体打算与再造，称之为"重生战略"	帮助企业认清移动互联网环境下的变化和应对之道
	画出公司的互联网进化路线图：用互联网思维重塑产品、客户和价值 李　蓓　著	18个问题帮助企业一步步梳理出互联网转型思路	思路清晰、案例丰富，非常有启发性
	7个转变，让公司3年胜出 李　蓓　著	消费者主权时代，企业该怎么办	这就是互联网思维，老板有能这样想，肯定倒不了
	跳出同质思维，从跟随到领先 郭　剑　著	66个精彩案例剖析，帮助老板突破行业长期思维惯性	做企业竟然有这么多玩法，开眼界

行业类：零售、白酒、食品/快消品、农业、医药、建材家居等

书名．作者		内容/特色	读者价值
零售·超市·餐饮·服装·汽车	**1. 总部有多强大，门店就能走多远** **2. 超市卖场定价策略与品类管理** **3. 连锁零售企业招聘与培训破解之道** **4. 中国首家未来超市：解密安徽乐城** **5. 三四线城市超市如何快速成长：解密甘雨亭** IBMG国际商业管理集团　著	国内外标杆企业的经验+本土实践量化数据+操作步骤、方法	通俗易懂，行业经验丰富，宝贵的行业量化数据，关键思路和步骤
	涨价也能卖到翻 村松达夫　【日】	提升客单价的15种实用、有效的方法	日本企业在这方面非常值得学习和借鉴
	移动互联时代的超市升级 联商网　著	深度解析超市转型升级重点	帮助零售企业把握全局、看清方向
	手把手教你做专业督导：专卖店、连锁店 熊亚柱　著	从督导的职能、作用，在工作中需要的专业技能、方法，都提供了详细的解读和训练办法，同时附有大量的表单工具	无论是店铺需要统一培训，还是个人想成为优秀的督导，有这一本就够了
	零售：把客流变成购买力 丁　昀　著	如何通过不断升级产品和体验式服务来经营客流	如何进行体验营销，国外的好经营，这方面有启发
	餐饮企业经营策略第一书 吴　坚　著	分别从产品、顾客、市场、盈利模式等几个方面，对现阶段餐饮企业的发展提出策略和思路	第一本专业的、高端的餐饮企业经营指导书
	赚不赚钱靠店长：从懂管理到会经营 孙彩军　著	通过生动的案例来进行剖析，注重门店管理细节方面的能力提升	帮助终端门店店长在管理门店的过程中实现经营思路的拓展与突破

续表

	汽车配件这样卖：汽车后市场销售秘诀100条 俞士耀　著	汽配销售业务员必读，手把手教授最实用的方法，轻松得来好业绩	快速上岗，专业实效，业绩无忧
耐消品	跟行业老手学经销商开发与管理：家电、耐消品、建材家居 黄润霖　著	全部来源于经销商管理的一线问题，作者用丰富的经验将每一个问题落实到最便捷快速的操作方法上去	书中每一个问题都是普通营销人亲口提出的，这些问题你也会遇到，作者进行的解答则精彩实用
白酒	变局下的白酒企业重构 杨永华　著	帮助白酒企业从产业视角看清趋势，找准位置，实现弯道超车的书	行业内企业要减少90%，自己在什么位置，怎么做，都清楚了
	1. 白酒营销的第一本书（升级版） 2. 白酒经销商的第一本书 唐江华　著	华泽集团湖南开口笑公司品牌部长，擅长酒类新品推广、新市场拓展	扎根一线，实战
	区域型白酒企业营销必胜法则 朱志明　著	为区域型白酒企业提供35条必胜法则，在竞争中赢销的葵花宝典	丰富的一线经验和深厚积累，实操实用
	10步成功运作白酒区域市场 朱志明　著	白酒区域操盘者必备，掌握区域市场运作的战略、战术、兵法	在区域市场的攻伐防守中运筹帷幄，立于不败之地
	酒业转型大时代：微酒精选2014－2015 微酒　主编	本书分为五个部分：当年大事件、那些酒业营销工具、微酒独立策划、业内大调查和十大经典案例	了解行业新动态、新观点，学习营销方法
快消品·食品	乳业营销第一书 侯军伟　著	对区域乳品企业生存发展关键性问题的梳理	唯一的区域乳业营销书，区域乳品企业一定要看
	食用油营销第一书 余　盛　著	10多年油脂企业工作经验，从行业到具体实操	食用油行业第一书，当之无愧
	中国茶叶营销第一书 柏　龑　著	如何跳出茶行业“大文化小产业”的困境，作者给出了自己的观察和思考	不是传统做茶的思路，而是现在商业做茶的思路
	调味品营销第一书 陈小龙　著	国内唯一一本调味品营销的书	唯一的调味品营销的书，调味品的从业者一定要看
	快消品营销人的第一本书：从入门到精通 刘　雷　伯建新　著	快消行业必读书，从入门到专业	深入细致，易学易懂
	变局下的快消品营销实战策略 杨永华　著	通胀了，成本增加，如何从被动应战变成主动的“系统战”	作者对快消品行业非常熟悉、非常实战
	快消品经销商如何快速做大 杨永华　著	本书完全从实战的角度，评述现象，解析误区，揭示原理，传授方法	为转型期的经销商提供了解决思路，指出了发展方向
	一位销售经理的工作心得 蒋　军　著	一线营销管理人员想提升业绩却无从下手时，可以看看这本书	一线的真实感悟
	快消品营销：一位销售经理的工作心得2 蒋　军　著	快消品、食品饮料营销的经验之谈，重点图书	来源与实战的精华总结
	快消品营销与渠道管理 谭长春　著	将快消品标杆企业渠道管理的经验和方法分享出来	可口可乐、华润的一些具体的渠道管理经验，实战
	成为优秀的快消品区域经理 伯建新　著	37个“怎么办”分析区域经理的工作关键点	可以作为区域经理的‘速成催化器’
	销售轨迹：一位快消品营销总监的拼搏之路 秦国伟　著	本书讲述了一个普通销售员打拼成为跨国企业营销总监的真实奋斗历程	激励人心，给广大销售员以力量和鼓舞
	快消老手都在这样做：区域经理操盘锦囊 方刚　著	非常接地气，全是多年沉淀下来的干货，丰富的一线经验和实操方法不可多得	在市场摸爬滚打的“老油条”，那些独家绝招妙招一般你问都是问不来的
	动销四维：全程辅导与新品上市 高继中　著	从产品、渠道、促销和新品上市详细讲解提高动销的具体方法，总结作者18年的快消品行业经验，方法实操	内容全面系统，方法实操

续表

农业	中小农业企业品牌战法 韩　旭　著	将中小农业企业品牌建设的方法，从理论讲到实践，具有指导性	全面把握品牌规划，传播推广，落地执行的具体措施
	农资营销实战全指导 张　博　著	农资如何向“深度营销”转型，从理论到实践进行系统剖析，经验资深	朴实、使用！不可多得的农资营销实战指导
	农产品营销第一书 胡浪球　著	从农业企业战略到市场开拓、营销、品牌、模式等	来源于实践中的思考，有启发
	变局下的农牧企业9大成长策略 彭志雄　著	食品安全、纵向延伸、横向联合、品牌建设……	唯一的农牧企业经营实操的书，农牧企业一定要看
医药	新医改下的医药营销与团队管理 史立臣　著	探讨新医改对医药行业的系列影响和医药团队管理	帮助理清思路，有一个框架
	医药营销与处方药学术推广 马宝琳　著	如何用医学策划把“平民产品”变成“明星产品”	有真货、讲真话的作者，堪称处方药营销的经典！
	新医改了，药店就要这样开 尚　锋　著	药店经营、管理、营销全攻略	有很强的实战性和可操作性
	电商来了，实体药店如何突围 尚　锋　著	电商崛起，药店该如何突围？本书从促销、会员服务、专业性、客单价等多重角度给出了指导方向	实战攻略，拿来就能用
	在中国，医药营销这样做：时代方略精选文集 段继东　主编	专注于医药营销咨询15年，将医药营销方法的精华文章合编，深入全面	可谓医药营销领域的顶尖著作，医药界读者的必读书
	OTC医药代表药店销售36计 鄢圣安　著	以《三十六计》为线，写OTC医药代表向药店销售的一些技巧与策略	案例丰富，生动真实，实操性强
	OTC医药代表药店开发与维护 鄢圣安　著	要做到一名专业的医药代表，需要做什么、准备什么、知识储备、操作技巧等	医药代表药店拜访的指导手册，手把手教你快速上手
	引爆药店成交率1：店员导购实战 范月明　著	一本书解决药店导购所有难题	情景化、真实化、实战化
	引爆药店成交率2：经营落地实战 范月明　著	最接地气的经营方法全指导	揭示了药店经营的几类关键问题
	医药企业转型升级战略 史立臣　著	药企转型升级有5大途径，并给出落地步骤及风险控制方法	实操性强，有作者个人经验总结及分析
建材家居	建材家居营销实务 程绍珊　杨鸿贵　主编	价值营销运用到建材家居，每一步都让客户增值	有自己的系统、实战
	建材家居门店销量提升 贾同领　著	店面选址、广告投放、推广助销、空间布局、生动展示、店面运营等	门店销量提升是一个系统工程，非常系统、实战
	10步成为最棒的建材家居门店店长 徐伟泽　著	实际方法易学易用，让员工能够迅速成长，成为独当一面的好店长	只要坚持这样干，一定能成为好店长
	手把手帮建材家居导购业绩倍增：成为顶尖的门店店员 熊亚柱　著	生动的表现形式，让普通人也能成为优秀的导购员，让门店业绩长红	读着有趣，用着简单，一本在手、业绩无忧
	建材家居经销商实战42章经 王庆云　著	告诉经销商：老板怎么当、团队怎么带、生意怎么做	忠言逆耳，看着不舒服就对了，实战总结，用一招半式就值了
工业品	销售是门专业活：B2B、工业品 陆和平　著	销售流程就应该跟着客户的采购流程和关注点的变化向前推进，将一个完整的销售过程分成十个阶段，提供具体方法	销售不是请客吃饭拉关系，是个专业的活计！方法在手，走遍天下不愁
	解决方案营销实战案例 刘祖轲　著	用10个真案例讲明白什么是工业品的解决方案式营销，实战、实用	有干货、真正操作过的才能写得出来

续表

工业品	变局下的工业品企业 7 大机遇 叶敦明　著	产业链条的整合机会、盈利模式的复制机会、营销红利的机会、工业服务商转型机会……	工业品企业还可以这样做,思维大突破
	工业品市场部实战全指导 杜　忠　著	工业品市场部经理工作内容全指导	系统、全面、有理论、有方法,帮助工业品市场部经理更快提升专业能力
	工业品营销管理实务 李洪道　著	中国特色工业品营销体系的全面深化、工业品营销管理体系优化升级	工具更实战,案例更鲜活,内容更深化
	工业品企业如何做品牌 张东利　著	为工业品企业提供最全面的品牌建设思路	有策略、有方法、有思路、有工具
	丁兴良讲工业 4.0 丁兴良　著	没有枯燥的理论和说教,用朴实直白的语言告诉你工业 4.0 的全貌	工业 4.0 是什么? 本书告诉你答案
	资深大客户经理:策略准,执行狠 叶敦明　著	从业务开发、发起攻势、关系培育、职业成长四个方面,详述了大客户营销的精髓	满满的全是干货
	一切为了订单:订单驱动下的工业品营销实战 唐道明　著	其实,所有的企业都在围绕着两个字在开展全部的经营和管理工作,那就是"订单"	开发订单、满足订单、扩大订单。本书全是实操方法,字字珠玑、句句干货,教你获得营销的胜利
金融	交易心理分析 (美)马克·道格拉斯　著 刘真如　译	作者一语道破赢家的思考方式,并提供了具体的训练方法	不愧是投资心理的第一书,绝对经典
	精品银行管理之道 崔海鹏　何　屹　主编	中小银行转型的实战经验总结	中小银行的教材很多,实战类的书很少,可以看看
	支付战争 Eric M. Jackson　著 徐　彬　王　晓　译	PayPal 创业期营销官,亲身讲述 PayPal 从诞生到壮大到成功出售的整个历史	激烈、有趣的内幕商战故事! 了解美国支付市场的风云巨变
房地产	产业园区/产业地产规划、招商、运营实战 阎立忠　著	目前中国第一本系统解读产业园区和产业地产建设运营的实战宝典	从认知、策划、招商到运营全面了解地产策划
	人文商业地产策划 戴欣明　著	城市与商业地产战略定位的关键是不可复制性,要发现独一无二的"味道"	突破千城一面的策划困局
	电影院的下一个黄金十年:开发·差异化·案例 李保煜　著	对目前电影院市场存大的问题及如何解决进行了探讨与解读	多角度了解电影院运营方式及代表性案例

经营类:企业如何赚钱,如何抓机会,如何突破,如何"开源"

	书名. 作者	内容/特色	读者价值
抓方向	让经营回归简单. 升级版 宋新宇　著	化繁为简抓住经营本质:战略、客户、产品、员工、成长	经典,做企业就这几个关键点!
	活系统:跟任正非学当老板 孙行健　尹　贤　著	以任正非的独到视角,教企业老板如何经营公司	看透公司经营本质,激活企业活力
	公司由小到大要过哪些坎 卢　强　著	老板手里的一张"企业成长路线图"	现在我在哪儿,未来还要走哪些路,都清楚了
	企业二次创业成功路线图 夏惊鸣　著	企业曾经抓住机会成功了,但下一步该怎么办?	企业怎样获得第二次成功,心里有个大框架了
	老板经理人双赢之道 陈　明　著	经理人怎养选平台、怎么开局,老板怎样选/育/用/留	老板生闷气,经理人牢骚大,这次知道该怎么办了
	简单思考:AMT 咨询创始人自述 孔祥云　著	著名咨询公司(AMT)的 CEO 创业历程中点点滴滴的经验与思考	每一位咨询人,每一位创业者和管理经营者,都值得一读
	企业文化的逻辑 王祥伍　黄健江　著	为什么企业绩效如此不同,解开绩效背后的文化密码	少有的深刻,有品质,读起来很流畅
	使命驱动企业成长 高可为　著	钱能让一个人今天努力,使命能让一群人长期努力	对于想做事业的人,'使命'是绕不过去的

续表

思维突破	移动互联新玩法：未来商业的格局和趋势 史贤龙　著	传统商业、电商、移动互联，三个世界并存，这种新格局的玩法一定要懂	看清热点的本质，把握行业先机，一本书搞定移动互联网
	画出公司的互联网进化路线图：用互联网思维重塑产品、客户和价值 李　蓓　著	18 个问题帮助企业一步步梳理出互联网转型思路	思路清晰、案例丰富，非常有启发性
	重生战略：移动互联网和大数据时代的转型法则 沈　拓　著	在移动互联网和大数据时代，传统企业转型如同生命体打算与再造，称之为"重生战略"	帮助企业认清移动互联网环境下的变化和应对之道
	创造增量市场：传统企业互联网转型之道 刘红明　著	传统企业需要用互联网思维去创造增量，而不是用电子商务去转移传统业务的存量	教你怎么在"互联网+"的海洋中创造实实在在的增量
	7 个转变，让公司 3 年胜出 李　蓓　著	消费者主权时代，企业该怎么办	这就是互联网思维，老板有能这样想，肯定倒不了
	跳出同质思维，从跟随到领先 郭　剑　著	66 个精彩案例剖析，帮助老板突破行业长期思维惯性	做企业竟然有这么多玩法，开眼界
	麻烦就是需求　难题就是商机 卢根鑫　著	如何借助客户的眼睛发现商机	什么是真商机，怎么判断、怎么抓，有借鉴
	互联网+"变"与"不变"：本土管理实践与创新论坛集萃·2016 本土管理实践与创新论坛　著	加速本土管理思想的孕育诞生，促进本土管理创新成果更好地服务企业、贡献社会	各个作者本年度最新思想，帮助读者拓宽眼界、突破思维
财务	写给企业家的公司与家庭财务规划——从创业成功到富足退休 周荣辉　著	本书以企业的发展周期为主线，写各阶段企业与企业主家庭的财务规划	为读者处理人生各阶段企业与家庭的财务问题提供建议及方法，让家庭成员真正享受财富带来的益处
	互联网时代的成本观 程　翔　著	本书结合互联网时代提出了成本的多维观，揭示了多维组合成本的互联网精神和大数据特征，论述了其产生背景、实现思路和应用价值	在传统成本观下为盈利的业务，在新环境下也许就成为亏损业务。帮助管理者从新的角度来看待成本，进一步做好精益管理

管理类：效率如何提升，如何实现经营目标，如何"节流"

	书名．作者	内容/特色	读者价值
通用管理	1. 让管理回归简单．升级版 2. 让经营回归简单．升级版 3. 让用人回归简单 宋新宇　著	宋博士的"简单"三部曲，影响 20 万读者，非常经典	被读者热情地称作"中小企业的管理圣经"
	员工心理学超级漫画版 邢　雷　著	以漫画的形式深度剖析员工心理	帮助管理者更了解员工，从而更轻松地管理员工
	分股合心：股权激励这样做 段　磊　周　剑　著	通过丰富的案例，详细介绍了股权激励的知识和实行方法	内容丰富全面、易读易懂，了解股权激励，有这一本就够了
	边干边学做老板 黄中强　著	创业 20 多年的老板，有经验、能写、又愿意分享，这样的书很少	处处共鸣，帮助中小企业老板少走弯路
	中国式阿米巴落地实践之从交付到交易 胡八一　著	本书主要讲述阿米巴经营会计，"从交付到交易"，这是成功实施了阿米巴的标志	阿米巴经营会计的工作是有逻辑关联的，一本书就能搞定
	阿米巴经营的中国模式 李志华　著	让员工从"要我干"到"我要干"，价值量化出来	阿米巴在企业如何落地，明白思路了
	中国式阿米巴落地实践之激活组织 胡八一　著	重点讲解如何科学划分阿米巴单元，阐述划分的实操要领、思路、方法、技术与工具	最大限度减少"推行风险"和"摸索成本"，利于公司成功搭建适合自身的个性化阿米巴经营体系
	欧博心法：好管理靠修行 曾　伟　著	用佛家的智慧，深刻剖析管理问题，见解独到	如果真的有'中国式管理'，曾老师是其中标志性人物

续表

流程管理	1. 用流程解放管理者 2. 用流程解放管理者2 张国祥　著	中小企业阅读的流程管理、企业规范化的书	通俗易懂，理论和实践的结合恰到好处
	跟我们学建流程体系 陈立云　著	畅销书《跟我们学做流程管理》系列，更实操，更细致，更深入	更多地分享实践，分享感悟，从实践总结出来的方法论
质量管理	五大质量工具详解及运用案例：APQP/FMEA/PPAP/MSA/SPC 谭洪华　著	对制造业必备的五大质量工具中每个文件的制作要求、注意事项、制作流程、成功案例等进行了解读	通俗易懂、简便易行，能真正实现学以致用
	1. ISO9001：2015新版质量管理体系详解与案例文件汇编 2. ISO14001：2015新版环境管理体系详解与案例文件汇编 谭洪华　著	紧密围绕2015新版，逐条详细解读，工具也可以直接套用，易学易上手	企业认证、内审必备
战略落地	重生——中国企业的战略转型 施　炜　著	从前瞻和适用的角度，对中国企业战略转型的方向、路径及策略性举措提出了一些概要性的建议和意见	对企业有战略指导意义
	公司大了怎么管：从靠英雄到靠组织 AMT 金国华　著	第一次详尽阐释中国快速成长型企业的特点、问题及解决之道	帮助快速成长型企业领导及管理团队理清思路，突破瓶颈
	低效会议怎么改：每年节省一半会议成本的秘密 AMT 王玉荣　著	教你如何系统规划公司的各级会议，一本工具书	教会你科学管理会议的办法
战略落地	年初订计划，年尾有结果：战略落地七步成诗 AMT 郭晓　著	7个步骤教会你怎么让公司制定的战略转变为行动	系统规划，有效指导计划实现
人力资源	回归本源看绩效 孙　波　著	让绩效回顾“改进工具”的本源，真正为企业所用	确实是来源于实践的思考，有共鸣
	世界500强资深培训经理人教你做培训管理 陈　锐　著	从7大角度具体细致地讲解了培训管理的核心内容	专业、实用、接地气
	曹子祥教你做激励性薪酬设计 曹子祥　著	以激励性为指导，系统性地介绍了薪酬体系及关键岗位的薪酬设计模式	深入浅出，一本书学会薪酬设计
	曹子祥教你做绩效管理 曹子祥　著	复杂的理论通俗化，专业的知识简单化，企业绩效管理共性问题的解决方案	轻松掌握绩效管理
人力资源	把招聘做到极致 远　鸣　著	作为世界500强高级招聘经理，作者数十年招聘经验的总结分享	带来职场思考境界的提升和具体招聘方法的学习
	人才评价中心．超级漫画版 邢　雷　著	专业的主题，漫画的形式，只此一本	没想到一本专业的书，能写成这效果
	走出薪酬管理误区 全怀周　著	剖析薪酬管理的8大误区，真正发挥好枢纽作用	值得企业深读的实用教案
	集团化人力资源管理实践 李小勇　著	对搭建集团化的企业很有帮助，务实，实用	最大的亮点不是理论，而是结合实际的深入剖析
	我的人力资源咨询笔记 张　伟　著	管理咨询师的视角，思考企业的HR管理	通过咨询师的眼睛对比很多企业，有启发
	本土化人力资源管理8大思维 周　剑　著	成熟HR理论，在本土中小企业实践中的探索和思考	对企业的现实困境有真切体会，有启发

续表

企业文化	HRBP 是这样炼成的之“菜鸟起飞” 新 海 著	以小说的形式，具体解析 HRBP 的职责，应该如何操作，如何为业务服务	实践者的经验分享，内容实务具体，形式有趣
	华夏基石方法：企业文化落地本土实践 王祥伍 谭俊峰 著	十年积累、原创方法、一线资料，和盘托出	在文化落地方面真正有洞察，有实操价值的书
	企业文化的逻辑 王祥伍 著	为什么企业之间如此不同，解开绩效背后的文化密码	少有的深刻，有品质，读起来很流畅
	企业文化激活沟通 宋杼宸 安 琪 著	透过新任 HR 总经理的眼睛，揭示出沟通与企业文化的关系	有实际指导作用的文化落地读本
	在组织中绽放自我：从专业化到职业化 朱仁健 王祥伍 著	个人如何融入组织，组织如何助力个人成长	帮助企业员工快速认同并投入到组织中去，为企业发展贡献力量
	企业文化定位·落地一本通 王明胤 著	把高深枯燥的专业理论创建成一套系统化、实操化、简单化的企业文化缔造方法	对企业文化不了解，不会做？有这一本从概念到实操，就够了
生产管理	高员工流失率下的精益生产 余伟辉 著	中国的精益生产必须面对和解决高员工流失率问题	确实来源于本土的工厂车间，很务实
	车间人员管理那些事儿 岑立聪 著	车间人员管理中处理各种“疑难杂症”的经验和方法	基层车间管理者最闹心、头疼的事，‘打包’解决
	1. 欧博心法：好管理靠修行 2. 欧博心法：好工厂这样管 曾 伟 著	他是本土最大的制造业管理咨询机构创始人，他从 400 多个项目、上万家企业实践中锤炼出的欧博心法	中小制造型企业，一定会有很强的共鸣
生产管理	欧博工厂案例 1：生产计划管控对话录 欧博工厂案例 2：品质技术改善对话录 欧博工厂案例 3：员工执行力提升对话录 曾 伟 著	最典型的问题、最详尽的解析，工厂管理 9 大问题 27 个经典案例	没想到说得这么细，超出想象，案例很典型，照搬都可以了
	苦中得乐：管理者的第一堂必修课 曾 伟 编著	曾伟与师傅大愿法师的对话，佛学与管理实践的碰撞，管理禅的修行之道	用佛学最高智慧看透管理
	比日本工厂更高效 1：管理提升无极限 刘承元 著	指出制造型企业管理的六大积弊；颠覆流行的错误认知；掌握精益管理的精髓	每一个企业都有自己不同的问题，管理没有一剑封喉的秘笈，要从现场、现物、现实出发
	比日本工厂更高效 2：超强经营力 刘承元 著	企业要获得持续盈利，就要开源和节流，即实现销售最大化，费用最小化	掌握提升工厂效率的全新方法
	比日本工厂更高效 3：精益改善力的成功实践 刘承元 著	工厂全面改善系统有其独特的目的取向特征，着眼于企业经营体质（持续竞争力）的建设与提升	用持续改善力来飞速提升工厂的效率，高效率能够带来意想不到的高效益
	3A 顾问精益实践 1：IE 与效率提升 党新民 苏迎斌 蓝旭日 著	系统的阐述了 IE 技术的来龙去脉以及操作方法	使员工与企业持续获利
	3A 顾问精益实践 2：JIT 与精益改善 肖志军 党新民 著	只在需要的时候，按需要的量，生产所需的产品	提升工厂效率

续表

员工素质提升	手把手教你做专业督导:专卖店、连锁店 熊亚柱　著	从督导的职能、作用,在工作中需要的专业技能、方法,都提供了详细的解读和训练办法,同时附有大量的表单工具	无论是店铺需要统一培训,还是个人想成为优秀的督导,有这一本就够了
	跟老板"偷师"学创业 吴江萍　余晓雷　著	边学边干,边观察边成长,你也可以当老板	不同于其他类型的创业书,让你在工作中积累创业经验,一举成功
	销售轨迹:一位快消品营销总监的拼搏之路 秦国伟　著	本书讲述了一个普通销售员打拼成为跨国企业营销总监的真实奋斗历程	激励人心,给广大销售员以力量和鼓舞
	在组织中绽放自我:从专业化到职业化 朱仁健　王祥伍　著	个人如何融入组织,组织如何助力个人成长	帮助企业员工快速认同并投入到组织中去,为企业发展贡献力量
	企业员工弟子规:用心做小事,成就大事业 贾同领　著	从传统文化《弟子规》中学习企业中为人处事的办法,从自身做起	点滴小事,修养自身,从自身的改善得到事业的提升
	手把手教你做顶尖企业内训师:TTT 培训师宝典 熊亚柱　著	从课程研发到现场把控、个人提升都有涉及,易读易懂,内容丰富全面	想要做企业内训师的员工有福了,本书教你如何抓住关键,从入门到精通

营销类:把客户需求融入企业各环节,提供"客户认为"有价值的东西

	书名.作者	内容/特色	读者价值
营销模式	动销操盘:节奏掌控与社群时代新战法 朱志明　著	在社群时代把握好产品生产销售的节奏,解析动销的症结,寻找动销的规律与方法	都是易读易懂的干货!对动销方法的全面解析和操盘
	变局下的营销模式升级 程绍珊　叶　宁　著	客户驱动模式、技术驱动模式、资源驱动模式	很多行业的营销模式被颠覆,调整的思路有了!
	卖轮子 科克斯【美】	小说版的营销学!营销理念巧妙贯穿其中,贵在既有趣,又有深度	经典、有趣!一个故事读懂营销精髓
	弱势品牌如何做营销 李政权　著	中小企业虽有品牌但没名气,营销照样能做的有声有色	没有丰富的实操经验,写不出这么具体、详实的案例和步骤,很有启发
营销模式	老板如何管营销 史贤龙　著	高段位营销 16 招,好学好用	老板能看,营销人也能看
	动销:产品是如何畅销起来的 吴江萍　余晓雷　著	真真切切告诉你,产品究竟怎么才能卖出去	击中痛点,提供方法,你值得拥有
销售	资深大客户经理:策略准,执行狠 叶敦明　著	从业务开发、发起攻势、关系培育、职业成长四个方面,详述了大客户营销的精髓	满满的全是干货
	成为资深的销售经理:B2B、工业品 陆和平　著	围绕"销售管理的六个关键控制点"一一展开,提供销售管理的专业、高效方法	方法和技术接地气,拿来就用,从销售员成长为经理不再犯难
	销售是门专业活:B2B、工业品 陆和平　著	销售流程就应该跟着客户的采购流程和关注点的变化向前推进,将一个完整的销售过程分成十个阶段,提供具体方法	销售不是请客吃饭拉关系,是个专业的活计!方法在手,走遍天下不愁
	向高层销售:与决策者有效打交道 贺兵一　著	一套完整有效的销售策略	有工具,有方法,有案例,通俗易懂
	卖轮子 科克斯　【美】	小说版的营销学!营销理念巧妙贯穿其中,贵在既有趣,又有深度	经典、有趣!一个故事读懂营销精髓
	学话术　卖产品 张小虎　著	分析常见的顾客异议,将优秀的话术模块化	让普通导购员也能成为销售精英

续表

组织和团队	**升级你的营销组织** 程绍珊　吴越舟　著	用“有机性”的营销组织替代“营销能人”，营销团队变成“铁营盘”	营销队伍最难管，程老师不愧是营销第1操盘手，步骤方法都很成熟
	用数字解放营销人 黄润霖　著	通过量化帮助营销人员提高工作效率	作者很用心，很好的常备工具书
	成为优秀的快消品区域经理 伯建新　著	37个“怎么办”分析区域经理的工作关键点	可以作为区域经理的‘速成催化器’
	一位销售经理的工作心得 蒋　军　著	一线营销管理人员想提升业绩却无从下手时，可以看看这本书	一线的真实感悟
	快消品营销：一位销售经理的工作心得2 蒋　军　著	快消品、食品饮料营销的经验之谈，重点突出	来源于实战的精华总结
	销售轨迹：一位快消品营销总监的拼搏之路 秦国伟　著	本书讲述了一个普通销售员打拼成为跨国企业营销总监的真实奋斗历程	激励人心，给广大销售员以力量和鼓舞
组织和团队	**用营销计划锁定胜局：用数字解放营销人2** 黄润霖　著	全方位教你怎么做好营销计划，好学好用真简单	照搬套用就行，做营销计划再也不头痛
	快消品营销人的第一本书：从入门到精通 刘　雷　伯建新　著	快消行业必读书，从入门到专业	深入细致，易学易懂
产品	**产品炼金术Ⅰ：如何打造畅销产品** 史贤龙　著	满足不同阶段、不同体量、不同行业企业对产品的完整需求	必须具备的思维和方法，避免在产品问题上走弯路
	产品炼金术Ⅱ：如何用产品驱动企业成长 史贤龙　著	做好产品、关注产品的品质，就是企业成功的第一步	必须具备的思维和方法，避免在产品问题上走弯路
	新产品开发管理，就用IPD 郭富才　著	10年IPD研发管理咨询总结，国内首部IPD专业著作	一本书掌握IPD管理精髓
品牌	**中小企业如何建品牌** 梁小平　著	中小企业建品牌的入门读本，通俗、易懂	对建品牌有了一个整体框架
	采纳方法：破解本土营销8大难题 朱玉童　编著	全面、系统、案例丰富、图文并茂	希望在品牌营销方面有所突破的人，应该看看
	中国品牌营销十三战法 朱玉童　编著	采纳20年来的品牌策划方法，同时配有大量的案例	众包方式写作，丰富案例给人启发，极具价值
	今后这样做品牌：移动互联时代的品牌营销策略 蒋军　著	与移动互联紧密结合，告诉你老方法还能不能用，新方法怎么用	今后这样做品牌就对了
	中小企业如何打造区域强势品牌 吴之　著	帮助区域的中小企业打造自身品牌，如何在强壮自身的基础上往外拓展	梳理误区，系统思考品牌问题，切实符合中小区域品牌的自身特点进行阐述
渠道通路	**快消品营销与渠道管理** 谭长春　著	将快消品标杆企业渠道管理的经验和方法分享出来	可口可乐、华润的一些具体的渠道管理经验，实战
	传统行业如何用网络拿订单 张　进　著	给老板看的第一本网络营销书	适合不懂网络技术的经营决策者看
	采纳方法：化解渠道冲突 朱玉童　编著	系统剖析渠道冲突，21个渠道冲突案例、情景式讲解，37篇讲义	系统、全面
	学话术　卖产品 张小虎　著	分析常见的顾客异议，将优秀的话术模块化	让普通导购员也能成为销售精英
	向高层销售：与决策者有效打交道 贺兵一　著	一套完整有效的销售策略	有工具，有方法，有案例，通俗易懂

续表

	通路精耕操作全解:快消品20年实战精华 周 俊 陈小龙 著	通路精耕的详细全解,每一步的具体操作方法和表单全部无保留提供	康师傅二十年的经验和精华,实践证明的最有效方法,教你如何主宰通路

管理者读的文史哲·生活

	书名.作者	内容/特色	读者价值
思想·文化	**每个中国人身上的春秋基因** 史贤龙 著	春秋368年(公元前770-公元前403年),每一个中国人都可以在这段时期的历史中找到自己的祖先,看到真实发生的事件,同时也看到自己	长情商、识人心
	内功太极拳训练教程 王铁仁 编著	杨式(内功)太极拳(俗称老六路)的详细介绍及具体修炼方法,身心的一次升华	书中含有大量图解并有相关视频供读者同步学习
	中医治心脏病 马宝琳 著	引用众多真实案例,客观真实地讲述了中西医对于心脏病的认识及治疗方法	看完这本书,能为您节约10万元医药费
	易经系辞大义 史幼波 著	结合人类社会的各种现象和人与人之间的复杂关系,系统阐述了《系辞》中蕴含的丰富思想	轻松掌握传统智慧精髓,从而达到修身养性的目的
	史幼波中庸讲记(上下册) 史幼波 著	全面、深入浅出地揭示儒家中庸文化的真谛	儒释道三家思想融汇贯通
	史幼波心经讲记(上下册) 史幼波 著	句句精讲,句句透彻,佛法经典的多角度阐释	通俗易懂,将深刻的教理以浅显的语言讲出来
	史幼波大学讲记 史幼波 著	用儒释道的观点阐释大学的深刻思想	一本书读懂传统文化经典
	史幼波《周子通书》《太极图说》讲记 史幼波 著	把形而上的宇宙、天地,与形而下的社会、人生、经济、文化等融合在一起	将儒家的一整套学修系统融合起来